인지행동 코칭

Cognitive Behavioural Coaching: Distinctive Features

COGNITIVE BEHAVIOURAL COACHING: Distinctive Feature
Copyright © 2018 by Michael Neenan
Authorised translation from the English language edition published by Routledge,
a member of the Taylor & Francis Group
All rights reserved.

Korean Transition Copyright © 2022 by Korea Coaching Supervision Academy
Korean edition is published by arrangement with TAYLOR & FRANCIS GROUP
through Imprima Korea Agency

이 책의 한국어판 저작권은 Imprima Korea Agency를 통해
TAYLOR & FRANCIS GROUP와의 독점 계약으로 한국코칭수퍼비전아카데미에 있습니다.
저작권법에 의해 한국 내에서 보호를 받는 저작물이므로
무단전재와 무단복제를 금합니다.

호모코치쿠스 32

인지행동 코칭
30가지 고유한 특징
Cognitive Behavioural Coaching
Distinctive Features

마이클 니넌 지음
엘리 홍 옮김

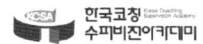
한국코칭수퍼비전아카데미

목차

인지행동 코칭: 30가지 특징 ······ 6
코칭 특징 ······ 8
역자 서문 ······ 9
도입: 인지행동 치료에서 인지행동 코칭까지 ······ 12

제1부. 인지행동 이론
  1. 의미 도출 ······ 21
  2. 왜곡된 정보처리 ······ 25
  3. 사고 수준 ······ 29
  4. 생각, 감정, 행동, 생리현상, 상황 사이의 상호 연관성 ······ 35
  5. 정서적 반응의 연속체 ······ 38
  6. 특정 인지 내용을 담은 정서 ······ 40
  7. 인지 취약성 ······ 42
  8. 인식과 접근 가능한 사고 ······ 44
  9. 문제 유지 ······ 47
  10. 과학적 경험주의에 대한 강한 몰두 ······ 50
  11. 경제성의 원칙 ······ 54

제2부. 인지행동 실제
  12. 코칭 관계 ······ 59
  13. 평가 및 사례개념화 ······ 65

14. 코칭 세션 구조화	⋯⋯ 77
15. 목표 설정	⋯⋯ 81
16. 인지 모델 교육	⋯⋯ 89
17. 심리적 건강의 두 가지 주요 속성	⋯⋯ 101
18. 행동 계획	⋯⋯ 109
19. 세션 외 과제 수행을 방해하는 신념	⋯⋯ 119
20. 변화에 대한 심리적 방해 다루기	⋯⋯ 125
21. 실용적인 문제 해결 모델	⋯⋯ 131
22. 소크라테스식 질문	⋯⋯ 137
23. 행동 실험	⋯⋯ 148
24. 깊은 신념 다루기	⋯⋯ 159
25. 마음챙김	⋯⋯ 170
26. 회복탄력성	⋯⋯ 177
27. 코칭 종료 및 그 이후	⋯⋯ 188
28. 수퍼비전	⋯⋯ 195
29. 코칭 세션	⋯⋯ 205
30. 인지행동 코칭은 모든 사람에게 맞지는 않으며, 이들을 위해 어떻게 개선할 수 있을까?	⋯⋯ 214

참고문헌	⋯⋯ 220
인덱스	⋯⋯ 225
저자 및 역자 소개	⋯⋯ 231
발간사	⋯⋯ 233

표

[18.1] 세션 외 과제 양식	⋯⋯ 118
[20.1] 심리적 문제 해결을 위한 ABCDE 모델	⋯⋯ 130
[23.1] 행동 실험 기록	⋯⋯ 158

인지행동 코칭: 30가지 특징

마이클 니넌Michael Neenan은 인지행동 치료Cognitive Behavioural Therapies(CBT) 원리를 적용한 접근방식인, 인지행동 코칭의 30가지 특징을 명확하고 쉽게 소개한다.

이 책에서는 인지행동 치료의 핵심 이론과 실제적 특징을 제시하고, 어떻게 일반적인 코칭 모델과 통합하는지를 논한다. 코칭 관계 발전의 네 가지 핵심 요소, 심리학에 기반을 둔 실용적인 문제 해결 모델, 코칭에서 고착된 포인트 처리 방법을 다루며, 인지행동 코칭에 적합하지 않은 사람들을 알아본다. 인지행동 코칭의 효과를 뒷받침하는 연구 증거와 함께 인지행동 치료가 인지행동 코칭으로 원활하게 이행되고 있음을 보여준다. 아울러 코치와 고객의 대화를 삽입하여 인지행동 코칭이 실제로 작용하는 것을 보여준다.

특히 인지행동 코칭에 관심 있는 인지행동 치료사에게 유용하며, 효과적이고 직접적인 코칭 모델을 추구하는 전문 코치와 수련 중인 코치에게도 흥미로울 것이다.

마이클 니넌은 런던 블랙히스Blackheath에 있는, 코칭센터 Centre for Coaching와 스트레스 관리센터Centre for Stress Management의 부소장으로, 『회복탄력성 개발: 인직행동 접근Developing Resilience: A Cognitive-Behavioural Approach』(제2판, 루트리지)의 저자이다.

코칭 특징

편집자: 윈디 드라이든 Windy Dryden

코칭 접근법을 선도하는 실무자와 이론가들이 특정 접근방식의 주요 특징과 구성에 관해 간략하게 기술한다. 각각의 파트는 이론과 실제 특징으로 나누어 30개의 주요 특징을 강조한다. 복잡하지 않고, 접근하기 쉬운 문체로 쓰여 있어서 코칭에 관해 잘 아는 사람뿐 아니라 친숙하지 않은 사람들도 쉽게 이해할 수 있다. 이 시리즈 편집자는 윈디 드라이든이다.

시리즈의 제목:
- 『합리적 정서행동 코칭 Rational Emotive Behavioural Coaching』 윈디 드라이든
- 『인지행동 코칭 Cognitive Behavioural Coaching』 마이클 니넌

인지행동 코칭 시리즈에 관한 자세한 내용은 아래를 참조하십시오. www.routledge.com/Coaching-Distinctive-Features/book-series/CDF

역자 서문

인지행동 치료를 접했을 때의 순간을 잊을 수 없다. 대학원에서 전공 서적을 읽어내려 가면서 내 생각, 감정, 행동의 연결고리를 찾고 퍼즐을 맞춰가는 기분이었다.

번역을 마치고 마지막으로 검수하면서 또 한 번 비슷한 경험을 했다. 공부할 때와는 다르게 역할이 많아졌기 때문에 어떤 부분에서는 코치로, 어떤 부분에서는 한 조직의 구성원으로, 또 더 나은 삶을 위해 고민하는 평범한 사람으로 순간순간 다른 입장이 되어 책에 빠져들었다.

선호하는 심리학으로 인지행동에 관심이 있는 코치라면
실제 코칭에서 바로 적용할 수 있는 방법과 팁을 확인할 수 있다. 인지행동 코칭의 구조와 단계별로 무엇을 어떻게 해야 하는지 구체적으로 나와 있다. 주된 코칭으로 인지행동을 활용하려고 마음 먹었다면 수시로 읽어 보길 권한다. 코칭을 하면서 어려운 부분이 생기거나 이해가 되지 않을 때 다시 읽어본다면, 처음 읽었을 때는 눈에 들어오지 않던 내용들이 보일 것이다. 인지행동 코칭에 한정하지 않더라도 코치로서 한 번씩은 고민해보았을 문제와 대처 방안도 함께 다루고 있다.

코칭의 기본 개념을 알고 있고 셀프 코칭에 활용하려고 한다면

1부의 인지행동 이론을 간단히 이해하고, 2부 내용을 천천히 따라가면서 스스로가 코치가 되어 지금 고민하는 문제에 자문자답해본다. 대화의 예시가 많아 어렵지 않게 해볼 수 있다. 또 예시/대화가 직장 생활에서 흔히 경험할 수 있는 내용으로, 직장인이라면 더 쉽게 이입/적용할 수 있을 것이다. 생각을 살펴보는 일이 익숙하지 않을 수 있다. 행동과 기분이 자신의 주관적인 신념과 사고에 영향을 받는다는 사실 하나만 깨닫는다면 그것만으로도 의미가 있고, 출발점이 된다.

코칭이 친숙하지 않지만 무엇인지 알고 싶다면

    코칭 기본서와 함께 읽을 것을 추천한다. 코칭 기본 개념의 이해를 전제로 한 내용으로, 코칭과 심리학에서 쓰는 용어들로 번역하여 낯선 낱말들이 있을 수 있다. 문맥으로 이해 가능한 범위에 있지만 코칭이나 기본적인 심리학 지식이 있다면 더 많은 도움을 받을 수 있다.

    끝으로 코칭과 전공 지식을 기반으로 번역하였기에 매끄럽지 않은 부분도 있다. 코칭이라는 울타리 안에 함께하는 동료의 관점으로 너그러운 양해를 부탁드리며, 책에서 필요한 부분을 잘 활용하여 의미를 더해주시길 바란다.

2022년 5월
엘리 홍

도입

인지행동 치료에서 인지행동 코칭까지

코칭은 수십 년 동안 비즈니스 업계에서 성과 향상과 인재 육성에 활용됐다. 최근 몇 년 동안 코칭은 행동, 인지행동, 실존주의, 해결중심, 게슈탈트, 사람 중심, 정신역동 등과 같은 특정 치료 접근법의 심리 이론과 실제를 적용하여 사용한다. 코칭심리학은 '기존의 성인·아동 학습이나 심리학적 접근방식에 기반을 둔 코칭 모델을 통해 개인 삶의 웰빙과 업무영역의 성과를 향상하기 위한 것'(Palmer & Whybrow, 2007: 3에서 인용)이라고 정의된다. 코칭에서 심리학적으로 접근하면 자기 인식 능력을 개발하고, 변화에 대한 심리적 장애물을 정확히 파악하여 다루며, 목표 달성 가능성을 높이는 자기 통제력을 향상하는 데 도움을 준다. 랜즈버그Landsberg(2015)는 코치가 T자형이라고 말한다. T의 가로는 다양한 출처에서 사용되는 광범위한 기법이며, 세로는 코치가 선호하는 심리학파이다. 이 책에서 활용하는 세로, 즉 코치가 선호하는 심리학은 인지행동 심리학이다.

인지행동 코칭cognitive behavioural coaching(CBC)은 두 명의 주요 인지행동 이론가, 연구자와 치료사의 작업에서 비롯되었다. 인지치료cognitive therapy(CT)의 창시자인 아론 벡Aaron Beck과 합리적 정서행동 치료rational emotive behaviour therapy(REBT)를 개발한 앨버트 엘리스Albert Ellis이다. 이 두 가지 접근방식은 인지행동 치료cognitive behavioural therapy(CBT)의 영향을 받았다. 인지행동 치료는 사건에 대한 정서적, 행동적 반응을 이해하기 위해 사건에 대한 인지적 평가에 초점을 맞춘다. 누군가 '그 상황에서 화가 났다'라고 했을 때, 인지행동 치료사는 '그렇게 화가 난 상황에서 무슨 생각을 하고 있었나요?'라고 질문하면서 화를 만들어 낸 생각, 즉 '회의 때 무례한 대접을 받았다. 내 의견은 마치 가치가 없는 것처럼 물어보지도 않았다'라는 생각을 밝혀낸다. 인지행동 치료는 다양한 임상적 장애를 치료하는 첫 번째 치료법이며, '연구 실험과 실제 임상에서 효과가 증명된 광범위한 근거 기반을 가진 가장 확실한 심리치료법'이다(Kennerley et al., 2017: 20).

그러나 인지행동 치료가 임상적 장애 치료에 효과적이라고 해서, 개인의 삶과 직업적인 발전에 초점을 맞춘 코칭에서도 비슷한 효과가 있다는 의미가 될 수 있을까? 2001년부터 연구자들은 질적, 정량적, 단일 사례 설계 연구를 통해 인지행동 코칭의 근거 기반을 구축하고 있다(Neenan & Palmer, 2012). 인지행동 코칭은 목표 달성, 웰빙, 희망, 회복탄력성, 판매 성과, 정서 관리 능력을 향상하고, 성과와 목표 달성을 방해하는 감정과 행동, 자기 불구화 생각self-handicapping thoughts을 감소시키는 것으로 나타났다. 인지행동 코칭은 개인의 발전을 돕거나 방해하는 신념, 행동과 감정에 특히 초점을 맞춰, 고객이 정한 영역에서 능력을 개발하도록 돕는 것으로 정의된다. 예를 들어, 관리직으로 승진한 기술 전문가는 새로운 역할에 대해 걱정('나는 사람들과 어울리기 좋아하는 사람이 아니다')하고 있으며, 사람을 관리하는 기술을 배우고 싶어 한다. 인지행동 코칭은 다양한 유형의 코칭을 제공한다.

- 라이프 코칭 – 직장 생활을 포함한 목표 달성을 위해 스스로 힘을 발휘하도록 돕는 기술과 태도를 가르침(Neenan & Dryden, 2014).
- 기술 코칭 – 새로운 기술 습득 또는 기존 기술 개선
- 성과 코칭 – 실제 성과와 원하는 성과의 차이를 좁힘
- 회복탄력성 코칭 – 자신을 더 탄력적으로 만드는 회복탄력성 향상 계획 Resilience Improvement plan(RIP)
- 개발 코칭 – 장기적이며, 주로 개인의 근본적인 문제와 직업상의 문제에 초점을 맞춘 자유로운 접근 방식

인지행동 코칭에는 일반적인 코칭 모델과 관련된 특징이 많다. 이 특징에는 현재에 머무르기(고객의 현재 걱정을 명확히 할 수 있는 과거 정보 수집 가능), 목표 설정, 행동 계획 수립, 목표 집중을 위한 자기 통제 전략 개선, 진행 상황 모니터링, 문제 해결 기술 학습, 변화에 대한 장애물 다루기 등이 있다. 따라서 인지행동 코칭은 전문 분야와 일반적인 코칭 모델로도 잘 부합하며, 이는 '인지적 행

동 접근법이 코칭의 필수인 이유'이다(Grant, 2012: xv).

치료와 코칭의 본질적인 차이점을 언급할 때, 치료는 심리적 장애와 기능 장애에 초점을 맞추지만, 코칭은 잠재력 실현, 성과 개선, 웰빙 증진, 성과 도출을 추구한다고 말한다. 이는 차이점에 대한 부정확한 설명이다. 공황장애나 강박장애로 치료를 받을 때, 웰빙 증진, 개인과 직장 생활 개선, 문제로 인해 억제되었던 잠재력 발산 등 문제를 극복하는 결과를 추구한다. 실제로 인지행동 치료 관점에서, 고객이 독립적으로 문제 해결이 가능한 자기 치료자로서 자신감을 가질 때, 치료사는 자신의 역할을 고객의 자기 주도적 학습을 지원하는 코치의 개념으로 생각한다. 코칭을 장려한다고 해서 치료에서 얻는 부분을 감소시키는 방식으로 진행할 필요는 없다.

나는 코칭과 치료 두 접근법의 차이점보다 유사점이 더 많다고 생각한다. 치료하고자 하는 문제들은 낮은 자존감, 완벽주의, 수행 불안, 불확실성 대처, 사기꾼 증후군, 대인관계 어려움, 실패에 대한 두려움, 약하거나 통제 불능으로 보이는 일에 대한 두려움, 괴롭힘, 미루기, 분노 등으로 코칭에서 다루는 어려움과 같다. 치료에서 코칭 분야로 전

향한 동료는 치료와 코칭 둘 다 대부분 똑같지만, 치료에서 약점이나 문제로 표현하는 것을 코칭에서는 발전의 기회로 표현하는 것처럼, 문제를 다루는 데 다른 언어를 사용한다고 했다.

때때로 고객은 아무 문제 없다는 인상을 주기 위한 말로 문제를 감추려고 한다. 정서적인 문제를 마음속으로 약하다는 뜻과 동일시하기 때문이다. 그래서 '차선의 성과를 올릴 수 있는 요소에 집중하고 싶다' 또는 '가끔 세부적인 부분에 사로잡힌다'라는 정서가 배제된, 현실적이거나 일시적인 문제로 이야기한다. 이 두 가지 예에서, 고객의 우려를 조사하면서 두 고객 모두 같은 두려움(그리고 광범위하게 퍼져있는)을 가지고 있음을 확인했다. 이들의 핵심 신념은 무능력자로 보이는 것이었고, 불안감과 고군분투하며 불안함을 느끼는 것을 부끄러워했다.

여러 사람 앞에서 말하기를 두려워하는 문제fear of public speaking(FPS)로 치료와 코칭을 받는 사람들은 유사한 생각, 감정, 행동 패턴을 보인다. 이를 돕기 위한 접근방식은 근본적으로 다르지 않다. 두 집단 모두에게 '도움기 되는/도움이 되지 않는 생각'과 '생산적인/비생산적인 행동'과 같은 동일한 표현을 사용하며, 치료받는 고객에게 '비논리적 사고'나 '역기능적 행동'과 같은 용어를 더는 사용하지 않는다.

물론 심각한 괴로움을 겪는 사람에게는 치료가 적합할 수 있지만, 누구도 정서적인 문제에 면역이 되는 사람은 없다. 일부 연구에서는 '코칭을 원하는 사람들 가운데 25~50%가 임상적으로 유의미한 수준의 불안, 스트레스 또는 우울증이 있음을 찾아냈다'고 한다(Grant, 2009: 97). 이런 정서적 문제는 코칭을 방해할 가능성이 있다(Dryden, 2011). 심리적 장애 치료와 이해를 바탕으로 훈련(Sperry, 2004)을 거쳐 코칭으로 분야를 옮긴 인지행동 치료사들은, 정신건강에 관한 배경이 없는 코치보다 고객에게 치료를 권해야 하는 적절한 시기를 인지할 가능성이 크다. 병원 치료를 고려하기 전에, 인지행동 코치는 고객의 목표 달성에 주의를 기울이기 위해 정서적 문제를 개선하려고 시도할 것이고, 대부분 치료가 필요하지 않을 것이다. 따라서 인지행동 코칭에는 목표 달성과 이를 방해하는 심리학적 장애물 제거라는 두 가지 주요 요소가 있다. 1부에서는 인지행동 코칭을 뒷받침하는 인지행동 이론을 살펴본다.

제 1 부

인지행동 이론

1

의미 도출

'인지행동 치료 모델의 핵심은 인간의 정신이 환경적, 생물학적 영향과 감각의 수동적인 수용체가 아니라, 자신의 현실을 형성하는 데 적극적으로 관여한다는 것이다'(Clark, 1995: 156). 삶의 특정 사건에 대한 정서적 반응을 이해하기 위해서는 사건에 부여하는 의미, 즉 주관적인 현실 구조를 알아내는 것이 중요하다. 연인과 헤어진 사람들이 있다고 할 때, 한 사람은 스스로 행복할 수도 없고, 아무것도 할 수 없다고 믿으며, 우울감에 빠진다. 연인과 헤어진 다른 사람은 '숨 막히는 관계'에서 벗어났다고 생각하며 해방감을 느끼고, 또 다른 사람은 자신의 나쁜

행동 때문에 연인이 떠났다고 생각하고 죄책감을 느낀다. **모두에게 동일한 사건이지만, 정서적 반응은 사건에 대한 개인의 관점에 영향을 받으므로 동일하지 않다.** 사건에 대한 감정을 바꾸려면 사건에 대한 사고방식을 바꿔야 한다. 의미는 고정적이지 않고 시간이 지남에 따라 변화하며 관점은 바뀐다.

이 같은 인지행동 치료의 개념적 초석은 에픽테투스Epictetus와 마르쿠스 아우렐리우스Marcus Aurelius와 같은 고대 스토아 철학자들의 정신 통제에 관한 견해에서 비롯되었다. 생각과 신념은 통제 가능한 범위 안에 있지만, 삶에서 일어나는 수많은 일은 통제 불가능한 범위에 있다는 견해다. 따라서 우리는 사건에 어떻게 반응할지 선택할 수 있다. 사건 자체는 반응을 일으키거나 좌우하지 않는다. 불경기에 직장을 잃는 것은 통제할 수 없는 일이지만, 자존심도 같이 잃는 것은 실직에 관한 판단 때문이다(스토아 철학Stoic philosophy과 인지행동 치료의 관계는 로버트슨Robertson(2010)을 참조하라. 한 임원은 『마르쿠스 아우렐리우스의 명상록Marcus Aurelius's Meditations』과 『에픽테투스의 핸드북Epictetus's Handbook』을 자랑스럽게 보여주면서, 이 책을 통해 직장에서의 끊임없는 압박에 대처할 수 있는 내적 안정성을 발전시키는 법을 배웠다고 했다).

현대의 인지행동 치료는 정서적 문제가 단순히 머릿속에서 만들어지는 것이 아니라, 부정적 사건(집에 도둑이 듦)의 영향이, 건설적 대처 능력을 방해하는 생각과 신념(아무리 많은 잠금 장치를 달아도 집에서 안전함을 느낄 수 없다)에 의해 크게 악화한다고 주장한다. 고객은 문제를 해결하는 적응적 관점을 개발하도록 도움을 받는다('넓은 관점에서 보면, 보안 장치를 강화하면 집을 안전하게 하고 마음을 안정시키는 데 도움이 될 거란 사실을 안다. 이런 관점 없이는 다시는 도둑이 들지 않는다는 보장이 없음을 깨닫고 받아들인다'는 관점이다).

대체 관점을 개발할 때, 아무리 불쾌한 일이라도, 이를 바라보는 방법이 항상 하나 이상 있다는 인지행동 치료의 원칙을 강조한다. 유명한 정신과 의사인 빅터 프랭클Viktor Frankl은 아우슈비츠의 말할 수 없는 공포 속에서도 '인간에게서 모든 것을 빼앗을 수 있다. 그렇지만 단 한 가지 인간의 자유, 어떤 상황에서도 자신의 태도를 선택하고, 자신의 길을 선택하는 자유는 빼앗을 수 없다'(1946/1985:

86)는 것을 확인했다. 쿠투Coutu(2003)는 프랭클의 이론이 비즈니스 세계에서 회복탄력성 코칭의 기초가 된다고 말한다.

2

왜곡된 정보처리

인지 이론은 '심리적 괴로움에 있을 때 사고는 더욱 경직되고 왜곡되며, 판단력은 지나치게 일반화되고 절대적이며, 자아와 세상에 대한 기본 신념이 고정된다'고 전제하는 정보처리 모델에 기초한다(Weisharr, 1996: 188). 사람은 차분한 상태일수록 사건과 기분을 명확하게 살펴 정확한 정보를 얻을 가능성이 크다. 모든 사람은 성급히 결론을 내리거나 독심술(아래 참조)과 같이 왜곡해서 정보를 처리한다. 그렇지만 왜곡은 '왜곡 성향이 만성적이거나 매우 극단적인 경우에만 문제가 된다'(Kennerley et al., 2017: 193).

보통 화가 나면 끊임없이 부정적인 편견을 생각에 끌어들이면서 정보를 왜곡한다. 예를 들어, 친구의 파티에 초대받지 못하면 마음이 상한다. 초대장을 받지 못한 이유를 자신이 비호감이라는 뜻으로 해석하기 때문이다. 초대받지 못한 이유를 확인하거나 열린 마음을 갖기보다는, 자신이 짐작하는 이유(비호감)를 곱씹으면서 기분은 저조해진다.

왜곡된 사고는 심리적 문제의 기초가 된다. 왜곡은 대개 정서적 고통에서 활성화하는 뿌리 깊은 부정적 믿음에서 비롯된다. 예를 들어, 실연 후에 우울해하는 사람들은 자신이 매력적이지 않다(핵심 신념)고 믿고 '나는 평생 혼자일거다'라고 단언한다. 정서적 고통에서 발견할 수 있는 일반적인 정보처리 오류나 편견은 다음과 같다.

- 이분법적 사고 all or nothing thinking: 상황이나 사람을 '인생은 성공 아니면 실패다'와 같이 한 가지로만 판단함
- 정서적 추리 emotional reasoning: 감정을 사실이라고 믿음. '나는 혐오감을 느낀다. 그러니 이건 사실이다'와 같이, '혐오감을 느낀다'는 감정이 아닌 '나는 내가 혐오스럽다고 생각한다'라는 실제 믿음이다. 이 때문에 다

른 신념과 마찬가지로 검토의 대상이 됨
- 예단jumping to conclusion: 고심하지 않고 판단을 서두름. 코칭 첫 번째 세션이 시작되고 15분 뒤에 고객이 '기분이 조금도 나아지지 않았으니 코칭은 효과가 없을 것이다'라고 말함
- 독심술mind-reading: 어떤 증거도 없이 다른 사람의 생각을 파악함. '상사가 오늘 아침 나에게 미소를 짓지 않았다는 것은, 내 일에 불만이 있음을 의기한다.'(상사는 이전에도 미소를 짓지 않고 칭찬함)
- 라벨링labelling: 자신, 타인 또는 세계에 전반적으로 부정적인 라벨을 부여함(예: '나는 이 모임에 있는 다른 사람들과는 다르게 그 사람이 한 말을 이해하지 못했어. 난 멍청해.') (더불어, 모임에 있는 도든 사람이 그 사람이 한 말을 이해했다는 독심술의 오류를 범함)

고객에게 오류나 편견을 식별하고 수정하는 방법을 알려주면, 증거를 바탕으로 한 더 균형잡힌(절대적이지 않은) 정보처리가 가능해진다. 위의 예에서, 친구는 초대했지만, '어머니가 메시지를 전달해주는 것을 잊으셨다. 내

가 그렇게 화나지 않았다면, 속단하지 않았을 것이다'라고 생각한다. 짐작대로 실제로 파티에 초대받지 못했다면, 친구에게 연락해서 왜 그랬는지 알아봐야 한다. 비록 친구가 의도적으로 초대하지 않았다 해도, 자신이 비호감인 사람이라는 의미로 받아들이지 않는다. 이는 우정이 끝났음에 영향받지 않고 달갑지 않은 현실에 적응하는 법을 배워야 함을 의미한다.

사고의 수준

인지행동 코칭에서 세 가지 사고를 고려해야 한다.

1. **부정적 자동사고**negative automatic thoughts(NATs)는 특정 상황에서 심리적인 어려움을 겪을 때, 무의식적으로 마음에 '떠오르는 생각pop into'이다. 부정적 자동사고는 그럴듯하게 보여서 생각을 끊어내기 어렵다. 보통 즉각적으로 부정적 자동사고를 인식할 수 없지만, 질문을 통해서 빠르게 주의를 기울일 수 있다. '회의에 늦었을 때 어떤 생각이 들었습니까?'라는 질문에, 고객은 '나는 항상 늦고 미숙하고 엉성

해서, 동료들이 나를 깔볼 거로 생각했습니다'라고 대답한다. 부정적 자동사고는 외부 및/또는 내부 사건으로 촉발된다(예: 심장이 두근거리자, 심장마비로 곧 죽을 거로 생각함).

부정적 자동사고는 이미지로도 나타난다. 친구 결혼식에서 신랑 들러리를 서다가 실수하면 '창피해 죽을 것 같은 이미지'가 발생한다. 고객은 대개 감정을 불러온 생각보다는, 느끼는 감정을 더 잘 인식한다. 치료와 같은 맥락인 코칭에서 보통 부정적 자동사고는 연구의 출발점이 된다. 긍정적 자동사고positive automatic thoughts(PAT)도 '문제가 사라지면, 재발하지 않는다'와 같이 왜곡될 수 있으므로 부정적 자동사고를 대체할 수 없다. 사건에 대한 관점의 인지적 왜곡을 없앨 수 있는 증거와 이성을 바탕으로 한 생각이 부정적 자동사고를 대체할 수 있다.

2. **근본적인 가정**undelying assumptions(예: '다른 사람에게 깊은 인상을 주려면, 인생에서 앞서가야 한다')과 **규칙**rule(예: '사람들을 실망하게 해서는 안 된다')은 행동을 끌어내고 기준을 정한다. 이 가정과 규칙은 부정적 자동사고와 달리

논리적이지 않은 경우가 많으며, 고객이 찾아내기 어렵다. 보통 고객은 밑바탕에 깔린 가정을 '만약 …라면' 또는 '…하지 않는다면'의 구조로 표현하고, 규칙은 '해야 한다'로 표현한다. 가정과 규칙은 부정적인 핵심 신념(예: '나는 무능하다')과 '직면'을 피하고자 하는 수단이다. 핵심 신념의 '진실'에는 의문을 갖지 않는 까닭에, 가정과 규칙은 핵심 신념을 유지하고 강화하는 기능을 한다.

문제는 해야 하는 행동과는 다른 행동을 하거나, 기준이 충족되지 않거나, 규칙을 위반할 때 나타난다. '문제'는 휴면상태였던 부정적인 핵심 신념이 활성화한 것이다. 벡Beck 외 연구진(1985)은 도움이 되지 않는 가정은 세 가지 주요 이슈에 초점을 맞춘다고 한다. 그 세 가지는 수용acceptance(예: '사랑받지 않으면, 나는 아무것도 아니다'), 역량competence(예: '성취가 곧 나 자신이다'), 통제control(예: '나는 도움을 청할 수 없다')이다. 자기 자신이나 일을 통제하지 못하는 것처럼 보이거나, 무능력한 행동, 동료들의 존경/인정의 상실에 대한 걱정은 코칭에서 흔한 주제다. 가정과 규칙은 상황에 얽혀있고, 부정적 자동사고와 핵심 신념 사이에 있어서 중간 신념으로도 알려져 있다(J. S.

Beck, 2011).

3. **핵심 신념**core belief은 가장 깊은 수준의 사고이다. 부정적인 핵심 신념은 지나치게 일반화되어 있고, 무조건적이다(예: '나는 절망적이다'). 핵심 신념은 대개 초기 학습 경험으로 형성되며, 연관된 일상 사건으로 활성화될 때까지 휴면상태이다. 연인이 없으면 자신은 쓸모없는 존재라고 믿는 사람은 관계가 갑자기 변하는 시기에 불안해하고('이제 이 관계는 끝인가?'), 헤어지면 핵심 신념을 확인하고 우울해한다. 일단 부정적인 핵심 신념이 활성화하면, 이 신념에 확신을 주는 정보만 확인하고, 반박하는 정보를 부정하면서 편파적인 방식으로 정보를 처리한다(예: '난 잠시도 혼자 사는 것을 배울 수 없고, 더 독립적일 수도 없다. 다른 사람을 찾아야 한다'). 핵심 신념은 자신에 대한 핵심 신념(예: '나는 사랑할 수 없다'), 타인에 대한 핵심 신념(예: '누구도 믿을 수 없다'), 또는 세상에 대한 핵심 신념(예: '모든 것은 나에게 불리하다')이다. 일단 괴로운 상황이 지나가면(예: 새로운 연인을 찾게 되면 안도함), 부정적 핵심 신념은 비활성화되거나 잠복 상태로 되돌아가고 긍정적인 관

점이 다시 확립된다.

핵심 신념은 대개 장기간 지속하는 문제에서 변화해야 하는 대상이다. 핵심 신념은 특정 상황에 대한 핵심 신념의 표현이므로 부정적 자동사고를 목표로 하여 간접적으로 수정할 수 있다.

이러한 간접적인 대상을 목표로 하면 부정적 신념의 지배로 활동이 뜸했던 잠재된 긍정적인 핵심 신념('나는 호감형이다')을 다시 활성화하는 데 도움을 준다. 돕슨Dobson과 돕슨Dobson(2009)은 장기적으로 끊임없이 다르게 생각하고 행동한다면, 부정적 핵심 신념을 직접 수정하지 않고도 점차 바뀔 가능성이 크다고 말한다. 코칭에서, 필요하다면 변화를 위한 부정적 핵심 신념 수정을 목표로 할 수 있다. 예를 들어, 크게 성공한 임원이 '실제로 나는 사기꾼'이라는 이유로 자신이 이룬 업적에 성취의 기쁨을 느끼지 못하고, 자신을 사기꾼이라고 보는 것을 멈추길 원한다. 이 상황에서 앞의 세 가지 사고는 어떻게 상호작용하는가? 대학 시험에서 1등을 못 하면 우울함을 느끼는 사람이 있다. 여기서는, 타인이 부여한 높은 기대를 충족시켜야 한다는 경직된 규칙에 부응하지 못하면서 휴면상태였던 '나는 실패자다'라는 핵심 신념이 활성화되고, '학교에서 얼굴을 들고 다닐 수가 없다. 도망가서 숨어버리고 싶다. 모두가 나를 비웃는다. 친구들의 관심을 다 잃었다'라는 부정적 자동사고가 마음속에 넘쳐난다.

4

생각, 감정, 행동, 생리현상, 상황 사이의 상호 연관성

인지 모델에서, 사건에 부여한 의미(생각과 믿음)를 발견하는 일은 사건에 대한 정서적, 행동적 반응을 이해하는 데 중요하다. 그러나 인지행동 치료CBT에서 인지는 다른 반응 시스템과 분리되어 있지 않고 행동, 생리현상, 정서와의 상호작용으로 인식한다. 이러한 시스템은 시끄러운 이웃이 있는 집이나 범죄율이 높은 지역에 사는 것과 같이 더 넓은 개인 환경의 맥락 안에서 상호 작용한다. 이런 각각의 요소는 상호작용 사이클에서 다른 요소에 영향을 준다. 누군가의 경험에서 상황, 믿음, 정서, 행동, 생리현상,

이 다섯 가지 영역 사이의 연관성을 보면, 현재의 어려움을 더 잘 이해하는 데 도움이 된다. 예를 들어, 직장을 잃고(상황), 자신을 스스로 무가치하다고 믿으며(믿음), 우울함을 느끼고(정서), 사회 활동을 중단하고(행동), 끊임없는 피곤함을 호소한다(생리현상).

다시 사교적인 사람으로 돌아가는 것 같이, 다섯 가지 영역 가운데 한 가지 영역이 변하면 다른 네 가지 영역에서도 긍정적인 변화가 생긴다. 말하자면, 다른 직업을 찾고(상황), 다시 자신을 가치있는 사람으로 보고(믿음), 우울했던 기분은 좋아진다(정서). 그리고 다시 활력을 느끼기 시작한다(생리현상). 인지행동 코칭에서 사용하는 5-area 모델은 SPACE 모델로(Edgerton & Palmer, 2005) 사회적 맥락Social context, 생리학Physiology, 행동Action, 인지Cognitions 및 정서Emotions(13장 참조)를 뜻한다. 이 상호작용 프로세스를 이해하는 데 도움이 되는 일반적인 출발점은 상황에 따른 부정적 자동적 사고를 파악하는 것이다. '열차를 기다리는 동안(상황) 정류장을 왔다 갔다(행동) 할 정도로 초조함과 불안감을(정서) 느끼면서 무슨 생각(신념)을 하고 있었는지 알고 계십니까?'

이 다섯 가지 요소 가운데 어느 것이든 나머지 네 가지를 연결하는 출발점이 된다. 상사를 만나기 전에 항상 위가 조여온다(생리 현상)고 말하는 고객이 있다. 이 고객에게 생리 현상을 시작점으로 하여 이 상호작용 과정을 가르친다고 해도, 인지 변화가 사람의 변화 과정에서 가장 중요하다는 인지행동 치료의 핵심 명제를 해치지 않는다(Clark & Steer, 1996).

5

정서적 반응의 연속체

삶의 일상적인 사건에 대한 '일반적인' 정서 반응과 과도하거나 극단적인 정서 반응 사이에는 연속성이 있다. 위샤르Weisharr와 벡Beck(1986: 65)은 다음과 같이 설명한다.

> 일련의 증상에 대해 인지한 내용(예: 불안 장애, 우울증)은 '일반적인' 경험에서 볼 수 있는 동일한 주제이지만(예: 위험 또는 상실), 인지 왜곡은 극단적이어서 결과적으로 [정서]와 행동에 영향을 미친다.

삶을 돌아보았을 때 기회를 낭비해서 슬퍼할 수 있지만,

앞으로 새로운 기회가 있음을 안다. 삶 전체를 낭비했다고 본다면 슬픔은 더욱 깊어지고 장기적으로 우울증이 된다. 공격당할 것 같다고(물리적 위협) 믿는 사람과 다른 사람 앞에서 실수할까 봐 두려워하는 사람(심리적 위협)의 생리적 반응(예: 심장이 두근거리고, 땀이 나고, 떨림)은 동일하다.

벡 외 연구진(1979)은 사건에 대한 정상적 반응과 과장된 정서 반응을 '성숙함'(유연성)과 '원시적인'(절대적인) 사고방식으로 특징 짓는다. 미움받을 때 성숙한 반응은 '모든 사람을 기쁘게 할 수는 없다'일 수 있고, 반면 미성숙한 반응은 '나는 완전히 비호감인 사람이다'라는 결론을 내릴 수도 있다. 삶에서 일어나는 사건에 대한 일련의 정서적 반응의 연속체를 설명하면, 정서적 괴로움에서 오는 오점을 제거할 수 있다. 사람들은 이렇게 정서의 연속체를 오르내리면서 정상화된다. 몇몇 사람의 주장처럼, 치료(장애)에서의 정서와 코칭(가볍지만 고질적인)에서의 정서 사이에는 질적 차이가 없다. 극단적 사고(예: '일이 잘못되면 참을 수 없다!')에 몰두하는 사람은 누구나 극도의 정서(예: 격렬한 분노)를 경험하고 연속체의 극단에 있는 자신을 발견한다.

6

특정 인지 내용을 담은 정서

특정한 정서에는 특정한 주제가 있다. 평가절하 또는 상실에서 오는 우울함, 위험이나 위협에 대한 불안감, 특정 상황에 대한 공포증, 개인의 규칙/기준 위반에서 오는 분노, 도덕적 일탈에 대한 죄책감, 결점이 드러나서 생기는 수치심, 확장감/발전에서 오는 행복 등이다. 이러한 주제는 벡의 '개인 영역personal domain'의 개념, 즉 개인이 인생에서 중요하다고 생각하는 모든 것과 관련이 있다. '개인의 정서적 반응 또는 정서적 장애'의 본질은 자기 영역에서 사건을 더하거나, 빼거나, 영역을 위태롭게 하거나, 침해하는 것으로 인식하느냐에 달려 있다(Beck, 1976: 56). 아래 예시는 이러한 관계를 설명하는 데 도움이 된다.

- 자신을 성공한 사업가라고 자부하는 사람은 회사가 망하면 우울해진다. 일은 곧 인생이고, 회사가 없으면 자신은 아무것도 아니라고 믿기 때문이다(빼기 subtraction).
- 발기 장애를 겪으면, 자신의 성적 능력을 조롱할까 보아 불안해한다(위험에 빠뜨리기).
- 승진은 커리어 패스에 중요한 진전이므로 승진했다는 사실에 기뻐한다(확장감).
- 평화롭고 조용한 삶을 즐기는 사람은 이웃이 음악을 크게 틀면 매우 화가 난다(침해).

개인 영역에서 어떤 부분과 관련이 있는지에 따라, 각각 일어난 동일한 사건에서 다른 정서를 경험한다. 예를 들어, 월요일에 기차가 연착됐을 때는 중요한 회의에 늦어 다른 사람들에게 착실하지 못하다는 인상을 줄까 봐(위험에 빠뜨리기) 불안함을 느낀다. 반면 화요일에 기차가 연착됐을 때는 몰려있는 많은 사람이 개인 공간을 침범해서 화가 난다(침해).

7

인지 취약성

취약성vulnerability은 '갑작스러운 사건으로 활성화되기 전까지 잠재된 내생적[내적] 안정적 특성'으로 정의한다(Clark & Beck, 2010: 102). 같은 사건이라도 어떤 사람에게는 취약성이 유발(예: 매우 비판적인 성과 평가를 받아 우울함)되고, 다른 사람은 평정심(예: '다음에 더 잘해야겠다')을 유지한다. 우울증이나 불안 위험에 처하는 두 가지 일반적인 성격 유형은 사회적 의존성과 자율성이다.

> 사회적 의존 성향인 사람은 타인의 사랑과 존중을 중요하게 생각하며 가까운 대인관계에 높은 가치를 둔다. 반면,

자율적 성향은 개인의 독립, [통제 필요], 성취 및 선택의
자유에 많은 투자를 한다.

(Clark & Steer, 1996: 81)

전형적인 사회 지향적 신념은 '사랑을 받아야 행복하다'
이고, 전형적인 자율성 신념은 '성공해야 가치 있는 사람이
다'이다(Beck, 1987).

친밀한 관계를 위협받거나 경력에 차질을 주는 위험을
감지하면 불안감이 생긴다. 이 위협이나 위험이 현실이 될
경우, 우울증이 뒤따를 가능성이 있다. 한 사람의 특정한
취약성(예: 친한 친구가 없다는 것은 자신이 비호감임을
의미함)과 이 성향을 반영하는 중요한 일상적인 사건(예:
가장 친한 친구가 더는 말을 걸지 않음)이 맞아 떨어지는
일을, 벡(1987)은 우울증의 문을 여는 자물쇠에 열쇠가 끼
워지는 것에 비유한다. 스코트Scott(2009)는 취약성 정도는
다양해서 우울증이 오기 전에 일상에서 한 가지 이상의 여
러 가지 부정적인 사건이 발생한다고 지적한다. 자율성이
높은 사람이 중요한 사업 목표를 달성하지 못하고 병에 걸
려 다른 사람에게 의존하는 경우와 같다.

8

인식과 접근이 가능한 사고

외부 자극(예: 비난)과 이에 대한 정서적 반응(예: 분노) 사이에는 사건에 대한 개인의 생각이 놓여 있다. 이 생각이 어떤 것인지 끌어내면 사건에 대해 왜 그런 식으로 반응했는지 이해하는 데 도움이 된다. 벡은 이를 '내면 커뮤니케이션 태핑tapping the internal communications'이라고 부르며, 다양한 상황에서 자기 성찰(자기 생각 검열)에 집중하는 훈련이 가능하다고 말한다. 자기 성찰을 통해 어떤 생각이 외부 자극과 정서적 반응을 연결하고 있는지 발견한다(1976: 27). '그 순간 어떤 생각이 들었습니까?' 또는 '그 상황에서 무슨 생각을 하고 있었습니까?'라는 질문은 고객이 정서적 반응을 유발한 것으로 추정되는 외부 사건에 집중하기보다, 내부로 관심을 돌리는 데 도움이 된다.

위의 예처럼 비난을 받았을 때, 분노('어떻게 감히 나를 비판할 수 있지? 난 비판을 받을 만큼 잘못한 게 없어. 그놈이 나쁜 놈이야!')를 일으킨 생각을 밝힐 수 있다. 방해를 만들어 낸 생각을 발견하고 살펴서 수정하도록 돕는 일은, 이런 생각이 접근 불가능한 상태로 남지 않고 '자신의 인식 범위 내에서' 이 과정을 해낼 수 있음을 의미한다(Beck, 1976: 3). 자기 인식 안에서 인지 변화 과정을 경험하면, 궁극적으로 스스로 자신의 치료사나 코치, 즉 독립적인 문제 해결자가 된다. 우리가 평생 도전해야 하는 과제는 이런 인식을 심리적으로 건강하게 유지하는 일이다. 즉 문제를 지속하게 하는 폐쇄적인 마음이 아닌, 문제를 해결하고 목표를 추구하는 데 열린 마음을 바탕으로 걱정을 해소하고 목표를 추구하는 일이다. 속담에도 있듯이 다음은 낙하산처럼 펼쳐져 있을 때 제 역할을 가장 잘한다.

고객은 감정을 촉발하는 확실한 외부 자극 없이도 정서적 반응을 경험하기도 한다. 감정이 '갑자기 밖으로 나온 것'처럼 보이는 이유를 알아내려면, 청중 앞에서 말을 더 듣거렸던 장면이나 학교에서 선생님이 호통쳤던 기억 같은 내부 자극을 살펴보아야 한다.

3장에서 설명한 정서 장애를 이해하기 위한 세 가지 인지사고(부정적 자동사고, 가정/규칙, 핵심 신념)는 일반적으로 접근하기 어려운 사고 수준이다. 보통 표면적인 생각(부정적 자동사고)은 인식의 경계에 있을지라도, 앞에서 언급한 질문을 통해 빨리 알아챌 수 있다. 근본적인 가정/규칙과 핵심 신념은 논리적으로 정확한 설명이 어려워 더 접근하기 어렵다. 부정적 사고와 근본이 되는 중간/핵심 신념을 연결하려면, 중요한 규칙(난 항상 강해야 하고 어떤 약점도 보이면 안 된다)과 핵심 신념(나는 나약하다)을 밝힐 때까지 각각의 부정적 사고의 논리적인 함축(당신이 잘 우는 것이 사실이라면, 그건 당신에게 어떤 의미인가요?)을 살펴보는 질문을 해야 한다(24장 참조). 개인적인 의미가 있는 층들을 벗겨내면 내포되었던 것이 분명해진다.

9

문제 유지

인지행동 치료CBT는 '심리적 장애를 유지하고 지속하는 데 중요한 역할을 하는, **현재**의 인지 기능을 주시한다'(Clark, 1995: 158; emphasis in original). 주로 현재에 머물면서 고객의 정서적 고통을 개선하기 위해 도움이 되지 않는 현재 생각(예: '그 사람 없이는 행복할 수 없다'), 가정(예: '그 사람이 나를 버린다면, 아무도 나를 원하지 않을 것이다'), 핵심 신념(예: '나는 사랑스럽지 않다')을 수정하는 데 초점을 맞춘다. 현재 문제(예: 낮은 자존감)의 원인이 된 과거 요인(예: 부모의 방임, 학교에서 괴롭힘, 청소년기의 심한 여드름)은 수정이 불가능하지만, 문제를 지속하게 하는 현재의 신념과 행동은 수정할 수 있다. 반면, 많은 사람은 현재 상황에서 나아지려면 문제와 관련된 어린 시절의 근본적인 원인을 밝히고 해결해야만 달성할 수 있다고 믿는다.

> 수십 년 동안의 인지행동, 행동, 대인관계 치료 연구에서, 때로는 어려움의 초기 원인으로 추정되는 원인을 추적하는 일이 현재 문제에 관련된 유용한 관점을 제공할 수는 있지만, 개선을 위한 필수 요소인 경우는 거의 없었음을 보여준다. 실제로 효과적인 치료는 대부분 현재에 초점을 맞춘다.
>
> (Arkowitz & Lilienfeld, 2017: 211)

과거는 새로운 관점으로 심리적 재구성이 가능하다. 예를 들면 '내가 다섯 살 때 아버지는 떠났고, 어머니의 말처럼 내가 아버지를 쫓아냈을 수도 있다. 어머니는 결혼 실패를 내 탓으로 돌렸다. 그렇지만 아버지가 떠난 것은 내 잘못이 아님을 이제 깨달았다.'

또 다른 예로, 상사의 괴롭힘으로 힘들어하는 고객이 있다. 이는 학창 시절에 당했던 괴롭힘과 지금과 같은 무력감을 느꼈던 불쾌한 기억을 불러일으킨다. 고객은 과거 기억을 곱씹을 수도 있다. 그러나 코칭의 주된 초점은 상사의 행동에 적극적으로 도전하는 태도와 기술을 배우는 데 있다. 상사에 대한 단호한 태도는 학창 시절 괴롭힘을 당했을 때 느꼈던 무력감과는 극명한 대조를 이룬다.

도움이 되지 않는 신념을 옹호하는 방식으로 행동할 때, 행동은 문제를 유지하는 데 매우 중요한 역할을 한다. 사람은 생각한 대로 행동하기 때문이다. 어떤 사람이 조립식 가구를 구매했는데, 조립하는 방법을 제대로 이해하지 못했고, 가구 조각들은 서로 맞지 않는다. 바닥에 놓인 조각을 무기력하게 쳐다보며 '나는 결코 이 형편없는 가구를 만들 수 없을 거야!'라는 결론을 내린다. 가구 조립이 쓸모없다고 생각하고 화가 나서 쓰레기통에 던져버린다. 이 사람은 인내심을 갖고, DIY 기술을 가진 친구에게 방법을 알려달라고 부탁하거나, 인부에게 돈을 주고 조립해달라고 하거나 가르쳐달라고 할 수도 있었다. 좌절감 경험에 대한 낮은 내성은 첫 번째 선택지의 실행(직접 조립)을 멈추게 하고, 나머지 두 가지 선택지(친구에게 부탁하거나, 돈을 주고 조립하는 방법 선택)를 방해했다. 요컨대, 인지 변화와 행동 변화는 둘 다 중요하다(따라서 인지행동 치료가 중요함).

10

과학적 경험주의에 대한 강한 몰두

이는 인지행동 이론과 임상적 개입 효과의 과학적 증거를 찾는 일을 의미한다(Clark & Beck, 2010). 과학적 경험주의는 방법이기도 하지만, 뒷받침하는 연구 증거가 없을 경우 인지행동 치료CBT 핵심 원칙을 기꺼이 포기할 의지가 있는 사고방식이기도 하다. 치료사는 과학 실험자의 입장에서서 임상의 실제를 알리기 위해 연구 증거를 끌어내고 실행 효과를 평가하도록 권장받는다. 고객은 유익하고 정확한 관점을 형성하기 위해 문제가 있는 생각과 신념을 살펴보고 현실에서 테스트해보면서 경험적인 태도를 갖도록 장려된다.

코칭에서는 직장에서 일하는 장면을 자주 사용해서 사고와 신념을 테스트한다. 예로, 한 임원은 고객과의 회의에 대비해 열심히 답변을 준비했다. 그렇지만 준비한 답변이 고객에게 불충분해 보일 수 있고, 고객이 준비한 안건에서 벗어나는 등의 자연스러운 돌발상황이 발생할 때 '얼마나 순발력있게 생각할 수 있을지 모르겠다'라며 걱정했다. 다음 회의에서 임원은 자연스러운 상황들을 통제하려고 하지 않았고, 즉흥적인 대처가 잘 받아들여지면서 불안감이 얼마나 빨리 가라앉는지를 보고 놀랐다. 치료나 코칭 세션에서 고객에게 새로운 행동 방식의 이점을 설명해야 한다. 이때 실제 상황에 대입해서 테스트하면 변화 과정이 더 깊고 빨라진다.

인지행동 치료가 전달하고자 하는 이미지는, 두 명의 과학자가 함께 문제를 정의하고, 가설을 세우고 테스트하며 문제 해결 방법을 찾으려고 함께 노력하는 모습이다. 벡 외 연구진(1979)은 두 명의 과학자 또는 공동 연구자로 함께 일하는 것을 '협동적 경험주의'라고 부른다. 문제 해결을 위해 공동 연구자로 같이 일하면, 이 관계에서 어떤 한 명이 전문가나 제자가 될 가능성을 막아 준다. 치료나 코칭의 성공은, 치료사나 코치의 일방적인 행동이 아닌 문제 해결 파트너십에서 온다. 또 문제 해결을 위해 함께 애쓰면서, 나를 고치는 일은 치료사나 코치의 책임이고 나는 따르기만 하면 된다는 고객의 잘못된 개념을 바로잡아 준다.

만약 치료사나 코치가 고객의 문제에 대한 가설(그것은 분명 승인과 관련된 이슈다)만 확인하고, 고객은 계속해서 부정적인 신념(성공은 중요하지 않고, 실패는 중요하다. 따라서 나는 실패자다)을 반박하는 자료를 무시하면, 이 협력적인 계획은 과학적으로 빈약해진다. 열린 마음을 개발하고 유지한다는 것은 고객과 코치 모두 개인적인 의견이나 편견이 아니라, 수집한 자료를 바탕으로 이야기함을 뜻한다.

여기서 경험주의(실제 생활에서 자신의 신념과 가정을 테스트하여 이를 뒷받침하거나 수정하거나, 버릴 증거를 모음)를 강조하지만, 이성 또한 자기 패배적 신념과 목표를 방해하는 신념의 결점과 약점을 살펴봄으로써, 비판적 사고 능력을 향상하는 데 도움이 된다. 이성적 사고와 증거 수집으로 얻은 지식은 목표 성공 가능성을 높인다.

인지행동 치료를 비판하는 사람들은 과학이 인간의 상태

에 대한 중요한 질문에 모두 답할 수 없다고 주장한다. 과학을 통해서 아는 것 외에 다른 방법도 있다. 문학, 예술, 철학, 우리의 열정적인 관심사와 핵심 가치는 우리 내면 경험의 사적인 영역에 통찰력과 깨달음을 가져다준다. 이런 종류의 지식을 철학자 브라이언 매기Bryan Magee(2016: 115)는 '내면에서 얻은 지식knowledge from within'이라고 부른다. 즉 '무에서 얻은 지식knowledge from without'이라고 칭하는, 모든 것에 열려 있는 과학적 방법과 발견이다. 사물의 본질을 이해하기 위한 가장 좋은 방법은 외부에도 있고 내면에도 있다. 사실, 이는 증명할 필요도 없다(Magee, 2016: 115). 경험으로 보건대, 모든 인지행동 치료사나 코치가 오직 연구 자료로만 코칭을 끌어간다는 의미에서 자신을 '절대적 경험주의자strict empiricist'라고 부르지는 않을 것이며, 나 역시 마찬가지이다.

11

경제성의 원칙

인지행동 치료CBT는 '어떤 것을 복잡하지 않게 충분히 설명할 수 있다면, 간단한 설명이 가장 좋은 설명'이라는 경제성의 원칙law of parsimony 또는 오컴의 면도날Ockham's razor 법칙을 따른다(Warburton, 2007: 107). 상사가 일을 추가로 주어 화를 내며 불평하는 고객이 있다(예: '이건 불공평해! 일을 먼저 끝내서 능률적이라는 이유로 일을 더 하고 있잖아'). 상사의 의도를 정확히 파악하고, 상사의 심리적 상태를 밝히려고 하거나 이런 직장 문화에 대해 여러 번 논의해도 고객의 분노를 이해하거나 누그러뜨리는 데 도움이 되지 않는다. 고객이 직장(또는 다른 곳)에서 불공평한 경험을 피할 수 없음을 깨닫고, 상사에게 문제를 이야기하는 것이 분노를 해결하는 데 직접적인 해결책이 될 수 있다.

더 복잡한 설명이 필요할 때도 '명시된 목적에 대해 가장 간단하게 설명하는' 경제성의 원칙을 따른다(Naugle & Follette, 1998: 67; emphasis in original). 고객의 오랜 신념, '지금 내 모습은 가짜이고, 결국 진짜 어떤 사람인지 모두가 알게 될 것이다'라는 생각이 드러났다. 이 신념은 상사에게 능력을 증명하기 위해 먼저 일을 끝내려고 끈질기게 자신을 몰아붙이는 이유에 대한 충분한 설명이 되었다. 이렇게 일함으로써, 고객은 사기꾼으로 드러나는 일을 계속 미룰 수 있었다. '지금 내 모습은 가짜다'와 같은 핵심 신념은 문제의 근원(인지적 근본 원인)과 지속에 관해 간단하면서도 근본적인 설명을 해준다.

제 2 부

인지행동 코칭 실제

12

코칭 관계

코치는 고객에게 인지행동 코칭 접근방식이 최선의 결과를 도출하는 데 초점을 맞춘 문제 해결 파트너십임을 설명해야 한다. 또 코치와 고객에게 요구되는 역할, 즉 코치는 고객의 문제에 인지행동 코칭 모델을 어떻게 적용하는지 보여주고, 고객은 목표와 관련된 세션 이외의 과제를 수행해야 함을 설명한다. 근본적으로 고객이 생각하고 느끼고 행동하는 방식에 대해 다른 사람을 탓하기보다는 자기 생각, 감정, 행동에 책임을 지는 일이 중요하다. 인지행동 코칭이 일부 고객에게 효과적이지 않은 주요 이유 가운데 하나는 고객이 심리적 책임을 지지 않는 것이다(30장 참조).

고객에게 이 접근방식을 어떻게 생각하는지, 꺼려지거나 지적하고 싶은 부분이 있는지 물어본다. 세션 횟수는 협의 가능하며, 횟수를 미리 정하지 않은 경우에는 필요에 따라 연장한다.

고객이 당연히 코칭을 시작할 준비가 된 상태라고 가정하지 않는 것이 중요하다. '코칭이 도움이 될 것으로 생각하지만, 아직 결정하지 못했다'라는 말은, 코칭에 시간과 에너지를 투자하기 전에 인지행동 코칭이 어떻게 자신을 도와줄 수 있는지 더 많이 논의하고 싶다는 의미이다. 고객을 코칭 시작 출발선에 세우려면, 변화할 준비가 된 정도(예: 양가감정, 불안)에 보조를 맞추고, 고객의 염려를 해소(우리가 하는 모든 일은 강제가 아닌 합의를 기반으로 한다)해야 한다. 치료사나 코치에게 변화나 현상 유지에 대해 뒤섞여 있는 고객의 양가감정을 다루는 일은 빈번하다. 양면성을 다루는 방법은 동기 유발 인터뷰motivational interviewing(Miller & Rolnick, 2013)이다. 이 인터뷰는 현 상태에 머무르기보다 변화했을 때 더 많은 이점을 보게 함으로써, 변화에 대한 근본적인 동기를 강화한다. 이 과정을 통해 고객은 코치의 지도를 받는 입장이 아닌 변화의 주체가 된다.

펀함Furnham(2012)은 코칭이나 치료의 성공적인 결과를 끌어내는 네 가지 핵심 요인의 기여도를 추정하려는 학자들의 시도를 바탕으로, 변화에 대한 준비가 코칭 효과의 40%를 차지한다고 말한다(다른 세 가지 요인은 아래에서 설명). 고객이 변화를 위해 에너지를 투입할 준비가 되었을 때, 코치는 앞으로 생길 힘든 일에 관해 이야기한다. 그리거Grieger는 목표 달성에서 개인의 책임을 '아무리 힘들어도 자신의 약속을 지키고 헌신하며, 원하는 결과를 만들어내기 위해 **100% 책임진다는 믿음**'으로 정의한다(2017: 19; emphasis in original). 비록 이 정의가 일부 고객에게는 극단적으로 들릴지 모르지만, 적어도 변화에 대한 진정한 헌신의 의미를 이야기하는 시작점이 된다.

고객의 요구를 맞추기 위해, 어떤 코칭 관계로 진행하기를 선호하는지 물어본다. 고객은 '지금 겪고 있는 어려움을 이야기하고 싶다. 코칭이 진행되는 동안 코치가 몇 가지 아이디어를 주고 의견을 제시하면서, 문제 해결을 위해 내가 무엇을 해야 하는지 더 명확하게 알고 싶다'라고 답할 수 있다. 이러한 선호 가운데 일부는 성공적인 코칭에

해가 될 수 있으므로, 존중하면서 모니터링해야 한다. 고객은 실제로 자신의 제한된 사고 범위 내에서 문제를 해결하려고 하지만, 사고가 얼마나 제한적인지 볼 수 있는 메타인지에 대한 인식(자신의 사고를 생각하는)이 없으므로 코치의 모든 코멘트나 아이디어를 거부할 수 있다. 고객이 문제 해결 관점을 넓히기 위해 마지못해 코치의 아이디어 일부를 인정하고 고려하기 시작하면, 이 관점을 제안한다. 코치와 고객의 관계는 코칭 성공에 대략 30%를 차지하지만(Norcross, 2002), 코치가 아닌 고객이 생각하는 관계가 중요한 요소인 만큼, 고객의 정기적인 피드백이 있어야 순조롭게 진행된다.

효과적인 코칭의 다른 두 가지 요소는 고객에게 성공에 대한 기대감을 불어 넣어주는 것(15%)과, 변화를 유도하는 특정 이론(예: 인지행동, 실존적, 정신역동)의 적용(15%)이다. 만약 고객이 인지행동 코칭 접근방식을 납득하지 못하면 고객을 설득하지 말고 코칭을 끝내야 한다. 코치가 자신을 무능하다고 평가하는 걸 막기 위해서이다. 편함은 이 네 가지 요인이 '모든 형태의 상담, 치료, 코칭 또는 도움이라고 불리는 모든 것에 (거의) 동일하게 적용

된다'라고 말한다.

고객이 선호하는 관계를 존중하는 일은 코치의 높은 수준의 적응력을 시사하는데, 코치와 치료사를 지도했던 경험에 비추어 봤을 때 흔히 과대평가된다. 세션의 디지털 음성 녹음DVR을 들어보면(28장 참조), 코치는 자신이 얼마나 빨리 일반적인 대인관계 스타일로 돌아가고, 고객의 선호를 잊어버리는지 알고 나서 당황하고 놀란다. 코치는 대인관계 적응력을 높이려면 평소와 다른 방식으로 행동하는 불편함을 참아야 한다. 진행 속도가 빠르고 조급한 코치는 대답이 더디고 사색적인 고객을 만났을 때 생기는 불가피한 침묵을 받아들이는 법을 배워야 한다(22장 참조).

인지행동 코칭에서 혼자만 알고 있는 문제는 없어야 한다. 코치는 고객과 생각을 공유하면서 협력적 경험주의collaborative empiricism의 중요성을 강조한다(10장에서 논함). 다시 말해, 신념은 사실로 취급하지 않고, 밝히고 조사하고 테스트해야 하는 가정이다. 고객에게 이를 달려줄때 코치는 고객이 자신의 아이디어에 이의를 제기하거나 의문시할 때 방어적인 행동을 하지 않는 것이 중요하다. 이때 코치와 고객 모두 코칭 과정을 방해하는 생각, 행동, 감정을 가질 가능성이 크다. 예를 들어, 고객은 '당신은 나를 도와주지 않는다'면서 느린 진전에 대해 불평한다. 코치는 짜증을 내며 '이미 세션 간 과제가 목표를 달성하는 데 중요하다고 말했다. 지금처럼 성의 없고 빨리 포기하려고 하지 말고, 일관되고 단호하고 결단력 있는 방법으로 수행해야 한다고 설명했다'라고 답할 수 있다.

코칭 관계가 교착 상태에 빠지거나 틀어질 때는 사프란Safran과 무란Muran(2000)이 말한 '메타커뮤니케이션metacommunication'으로 해결한다. 메타커뮤니케이션은 불편한 관계에서 벗어나 서로를 비난하지 않는 협력적 탐구 정신으로 코멘트하는 방법이다. 고객은 서두르지 않고 매주 시간을 내서 체계적인 방법으로 과제를 수행하는 데 동의하고, 코치는 엄격한 감독처럼 지시하거나 행동하지 않기로 한다. 코치는 메타커뮤니케이션 프로세스를 시작하고 유지하는 데 주된 책임을 진다.

13

평가 및 사례개념화

인지행동 코칭CBC을 설명하고 진행하기로 합의하면, 보통 처음에는 간단한 인지행동 코칭 평가를 진행한다. 평가에서 고객의 현재 걱정, 발생한 상황, 코칭에서 달성하고 싶은 부분과 평가에 추가하고 싶은 정보에 초점을 맞춘다. 이 정보에서 요점을 추려 간단한 사례개념화conceptualization를 한다. 사례개념화를 간단하게 하는 이유는, 심리적 장벽이 목표 달성 및/또는 세션 외 과제 수행에서 고객의 집중을 방해한다고 가정하지 않기 때문이다. 심리적 장벽이 나타나면, 더 세부적인 개념화가 된다. 고객의 강점을 목록으로 만들고 과거의 문제 해결 성공 경험과 업무 성과를 상기시켜 목표 달성을 돕는다.

문제와 심리적 장벽을 구별하는 일은 중요하다. 문제는, 고객이 인지행동 코칭의 실험적인 관점(다른 문제 해결 방법을 시도)을 채택하면 비교적 간단한 과정으로 해결된다. 반면, 심리적 장벽은 변하기 어려운 뿌리 깊은 믿음과 행동이며, 고객은 이를 바꾸는 일에 양면적이다. 한 임원의 경우 회사에서 그의 거친 대인관계 스타일을 완화하기 전까지 더 승진할 수 없게 막아버렸다. 임원은 자신의 거친 스타일이 성공을 위한 주도적인 성격의 일부이고, 다른 사람들이 자신을 두려워하게 만들었고(본인은 이를 존경으로 여김), 덕분에 팀원들을 '관대한 상사soft boss' 밑에서 일하는 것보다 더 열심히 일하게 만들었다고 했다. 고객은 '자신을 협박한' 회사에 격분했지만, 결국 스타일을 바꾸는 일이 먼저이고 현실적인 목표를 위해 변하기로 결정을 내렸다.

간단한 평가로 돌아가서, 고객인 사라Sarah는 특정 기간 안에 보고서를 완성하기로 목표를 세웠지만, 계속 시작을 미뤘다. 사라의 어려움을 이해하기 위해 SPACE 모델(Edgerton & Palmer, 2005)을 이용했다. 이 모델은 흔히 '간단한 코칭in brief coaching'에서 사용하고, 간단한 사례개념화가 가능하다(Palmer & Szymanska, 2007: 89). 사라의 문제에 모델을 적용해서 아래와 같이 적어보았다.

> **사회적 맥락**Social context: '직장에서 보고서를 작성하려고 하면, 다른 업무들이 방해해서 못 하고 있다. 마감일이 빠르게 다가오고 있다.'
> **생리학**Physiology: '보고서를 쓸 생각을 하면 답답하고 긴장된다.'
> **행동**Action: '시작하기 직전에 커피를 마시러 갔다가 자리로 돌아오면 다른 할 일이 생각난다.'
> **인지**Cognitions: '바보처럼 보이겠지만, 실수 없이 한 번에 보고서를 작성해야 한다는 생각을 갖고 있다.'
> **감정**Emotions: '보고서 작성을 시작하지 않아서 마감일을 맞추지 못할까 불안하다. 쓰기 시작하면 보고서 내용이 부족할까 봐 걱정되고, 이렇게 행동하는 자신에게 화가 난다.'

PRACTICE 모델(문제 정의Problem identification, 현실적 목표Realistic goals, 대안적 해결책 개발Alternative solutions generated,

결과 고려Consideration of consequences, 실현 가능한 해결책 Target most feasible solution(s), 선택 솔루션의 실행Implementation of Chosen solution(s), 결과 평가Evaluation of outcome, Palmer & Szymanska, 2007)과 ADAPT 모델(21장 참조)은 평가, 목표 설정, 실제적인 문제 해결을 결합해서 간단한 코칭에 사용할 수 있다. 구체적인 사례개념화는 대개 코칭에 진전이 없거나 처음부터 명백하게 복잡한 문제일 경우 쓰인다. 이때 세 가지 영역을 다뤄야 한다.

1. 더 많은 정보 얻기

고객(존John)에게 SPACE에 해당하는 예시를 말해달라고 해서 문제가 얼마나 만연한지 확인한다. 모든 예시는 동일한 두려움인 '질문자가 만족할 만한 대답을 하지 못하면, 무능한 사람으로 보일 것이다'라는 동일한 두려움으로 수렴되었다. 존은 직장의 특정 상황에서 이런 노출 위협이 있다고 했다.

2. 주요 인지 및 행동을 지속하는 프로세스 확인

인지적 요인: '내가 책임지고 있는 업무의 모든 영역을 안다면, 아무도 나를 따라 잡을 수 없다'(가정)

'대화 과정을 통제할 수 있다면, 예상치 못한 질문을 받을지 모르는 상황에 놓이지 않을 것이다'(추정)
'동료나 윗사람에게 항상 좋은 인상을 주어야 한다'(규칙)
문제와 관련된 존의 행동 전략은 상황을 통제하여 '발각 found out'을 피하는 방법으로, 적합하지 않았다. 예를 들면 다음과 같다.

- 만약 존이 과도하게 많은 준비를 하면, 모든 사람이 만족하는 종합적인 대답을 할 수 있다. 그러나 가끔 작업 중인 프로젝트 개요를 명확하게 답하는 것이 힘겨웠고, 때로는 세부적인 부분에 빠져 횡설수설했다.
- 존은 대답을 잘할 수 있는 질문을 받으려고 대화 흐름의 일부를 통제하려고 노력했다. 그렇지만 당황스럽게도, 실제 대화의 흐름을 따라가지 않아서 가끔 하지도 않은 질문에 답을 했다.
- 존은 예상치 못한 질문으로 어려움을 겪을 때를 대비해, 급히 다른 회의가 있어 다음 번 회의에서 충분한 답변하겠다고 말하며, 팀 회의가 끝나기 몇 분 전에 자리를 떠났다(존은 팀원들이 자신의 불안함을

안다고 말했다).

이러한 인지 및 행동 과정은 비생산적이었다. 존은 스스로 정한 기준이 너무 높아서 그 기준에 미치지 못할까 봐 걱정했고, 기준에 미치지 못할 때는 낙담했다. 첫 번째 상사를 제외하고는 존에게 무능하다고 말한 사람은 아무도 없었다. 마음속으로는 자신이 실제로 무능하지 않음을 알고 있었지만, 일이 잘못되었을 때는 무능하지 않다는 확신을 가지려고 애써야 했다.

3. **장기적인 관점** longitudinal view

과거 요인이 현재 문제에 어떻게 영향을 주었는지 살펴본다. 고객은 몇 년 전 프레젠테이션이 형편없다는 이유로, 첫 번째 상사에게 무능하다는 모욕을 당했다. '상사는, 내가 일을 잘 모르고, 직장 생활에서 성공하지 못할 거라고 말했다. 주위에 있던 모든 사람도 상사 의견에 동의했을 것으로 생각했다.' 이 공개적인 비난은 존이 자기 일에 능통하지 않을 때 일어날 수 있는 일에 대한 '끔찍한 경고' 역할을 했고, 다른 사람들에게 좋은 인상을 주려고 열심히 일해야 했다. 이 평가 정보를 [박스

13.1]과 같이 사례개념화하였다.

버틀러Butler 외(2008)는 사례개념화의 세 가지 핵심 원칙을 제시한다.

1. 개념화는 이론을 실천으로 옮기려는 시도, 즉 인지행동 모델 안에서 고객의 문제를 이해하려는 시도에 기초해야 한다.
2. 개념화는 가설적이어야 한다. 코치와 고객 모두, 개념화하는 데 사용하는 정보를 확인, 수정, 무시할 수 있다.
3. 개념화는 간결하고 명확해야 한다. 복잡할수록 코치와 고객 모두 기억하고 사용하기 어려워진다.

[박스 13.1] 존의 사례개념화

초기 경험

첫 번째 상사가 담당 프로젝트 프레젠테이션이 형편없었다고 회의에서 공개적으로 비난했을 때 굴욕감을 느꼈다. 존은 이 질책을 마음에 새겼고 자신이 무능하며(핵심 신념), 다시는 무능하게 보이면 안 된다고 믿게 되었다.

교차 상황의 가정 및 규칙(핵심 신념을 비활성화 상태로 유지하기를 원함)

'내가 책임지는 업무의 모든 영역을 안다면 아무도 나를 따라잡을 수 없을 것이다.'(가정)

'내가 대화 과정을 통제할 수 있다면, 즉흥적으로 질문받는 상황에 놓이지 않을 것이다.'(가정)

'동료나 윗사람에게 항상 좋은 인상을 주어야 한다.'(규칙)

대처 전략(통제하기 위한 노력)

다른 사람이 답변에 만족할 수 있도록 과도하게 준비함

원하는 방향으로 대화를 밀고 나감.

팀 회의 종료 시 질문할 시간을 거의 남기지 않음

SPACE 예제

1. 사회적 맥락Social context: 상사가 현재 프로젝트 진행 상황에 대한 개요를 물어봄

    생리학Physiology: 복부 조임, 심장이 두근거림

    행동Action: 의자에서 계속 안절부절못함.

    인지Cognitions: '상사는 전체적인 주요 내용을 원했는데, 너무 세부적인 이야기를 하고 있다. 나는 횡설수설하고 있고,

상사는 짜증난 것 같은데, 나를 뭐라고 생각할까?'[1]

감정Emotions: 불안, 당황

2. 사회적 맥락: 팀 회의가 끝날 때쯤 어려운 질문을 갇자, 서둘러 다른 회의에 가야 한다면서 불충분한 답변을 빠르게 해버림

생리학: 복부 조임, 심장이 두근거림

행동: 서둘러 서류를 챙겨서 회의실을 나가려고 함

인지: '사람들은 내가 무슨 일을 꾸미는지 알고 있고, 그들을 속이는 것이 아니다. 왜 "확실하지 않다.", "잘 모르겠다." 라고 말할 수 없을까?'[2]

감정: 불안, 당황

---

1) 고객은 자신의 질문에 대한 답(나는 무능하다는 핵심 신념)을 가지고 있다.
2) 모르겠다는 답변은 존의 무능함이 드러날 수 있다.

가끔 고객은 현재 문제에 대한 생각, 정서, 행동을 포착할 수 있는 매우 간결한 사례개념화를 제공한다. '가면 뒤에 갇혀 있는 문제'가 그 예이다. 가면에 갇힌 이들은 타인의 기대대로 항상 밝고, 쾌활하며, 활기차야 한다고 믿고, 이를 힘들어한다. 대외적인 이미지persona를 버리고, 사람들에게 성격의 다른 면을 보이는 것이 왜 불안한지 검토 대상이 된다. 고객이 은유와 이미지, 기억에 남는 문장을 이야기할 때, '사람들이 가면이 아닌, 나를 볼 수 있도록 허용하기'라는 목표를 포함하도록 하는 것이 유용하다.

존은 두 개의 SPACE 사례를 이야기한 다음, 다른 이야기들도 같은 의미일 거라며 다른 사례가 더는 필요하지 않다고 말했다. SPACE 사례에서 존은 상황에 따른 특정한 생각 일부를 '그 사람이 나를 어떻게 생각할까?' 같은 수사적 질문으로 표현했다. 질문에 내포된 의미를 분명히 하려면 명확하고 직접적인 고객의 진술이 필요하다.

코치: 그가 당신을 어떻게 생각한다고 생각하나요?
고객: 글쎄요, 아마 내 프레젠테이션에 대해 그다지 좋은 의견을 갖고 있지 않을 것입니다.

[명확한 대답이 아님]
　　코치: 그 상황에서 그의 진짜 의견은 무엇이라고 생각하십
　　　　니까?
　　고객: 내가 무능하다는 것이죠.

　사례개념화 다음에는 목표 달성을 위한 실행 계획을 개발한다. 사라는 20페이지 분량의 보고서를 마감 시간 내 완성을 목표로 했고, 실수 없는 하나의 초안에 집착하지 않고, 여러 번의 수정이 필요하다는 사실을 받아들였다. 이 같은 수용은 코치가 '자존심이 강한 작가라도, 초고를 최고의 원고로 생각하지 않을 것'이라고 말한 데서 비롯되었고, 사라는 이 말을 마음에 새겼다. 코치는 코칭 시간 중에 보고서 초안에 들어갈 내용을 메모하도록 권했고, 사라는 이를 수행했다.

　두 번째 고객인 존의 목표는 자신이 능력 있는 사람임을 스스로 믿을 수 있는 관점을 만드는 일이었다. 실행 계획에서는 유능함의 증거(과거에 근무했던 회사에서의 성과 평가 및 승진)를 찾고, 개선에 중점을 둔 현실적이고 재조명 가능한 성과 기준을 개발했다. 예상치 못한 질문을 피

하기보다는 빠르게 대응하는 법을 배우고, 대화 방향을 통제하려고 애쓰기보다는 대화를 잘 듣고 나누며, 프레젠테이션에서 주요 사항과 세부 사항의 균형을 맞췄다. 존은 코칭 세션 동안 이 세 가지를 연습했다. 또 첫 번째 상사의 말을 되짚어 보면서, 상사가 격분한 상황에서 존 역량의 진수와 직장 생활을 정확하게 포착할 수 있었을지 다시 논의했다.

14

코칭 세션 구조화

코칭 세션 구조화는 고객이 제시한 문제의 평가에 따라, 각 코칭 세션이 예측 가능한 패턴으로 진행됨을 의미한다. 이 패턴은 고객에게 인지행동 코칭으로 지속해서 사회화(고객에게 요구되는)하는 과정의 일부로 설명한다. 인지행동 코칭 세션의 구조는 시간을 최적화하는 방식으로 간주하는 안건 설정을 기본으로 한다. 안건은 서로 논의해서 합의하지만, 세션 시간 외 주어지는 과제의 수행과 검토는 변하지 않는 고정사항이다. 일반적인 협의 사항은 다음과 같다.

- 세션 외 과제 검토: 고객은 과제를 수행하면서 무엇을

배웠는가? 무엇이 과제를 수행하지 못하게 막았는가? 코치는 어떤 경우라도 모든 일에 관심을 가져야 하므로 과제 수행을 성공과 실패로 나누지 않고 학습에 중점을 두고 검토해야 한다. 코칭 세션 중에서든 밖에서든 일어나는 모든 일은 인지행동 코칭의 학습장이 된다.

- 현재 세션 항목: 고객에게 별도로 논의할 문제가 여러 개일 경우, 하나의 세션에서 다른 세션으로 넘나들지 않고, 우선순위를 매겨야 한다. 각각의 관심사와 함께 관련된 주요 생각, 감정, 행동을 확인한다. 세션 전체에 걸쳐 이 주제에서 저 주제로 건너뛰는 일은 피해야 하며, 새로운 주제 논의는 이전 주제에서 진척이 있을 때만 이뤄져야 한다. 고객이 자신의 문제를 간단명료하게 이야기하도록 한다. '이 사람은 이렇게 이야기했고, 저 사람은 저렇게 말해서 나는 이렇게 말했다' 같은 장황한 이야기의 세부 사항에 휘말리지 않는다. 코치는 '중요한 이슈를 한 문장으로 말할 수 있나요?'라고 물음으로써 장황함을 피한다.
- 새로운 세션 외 과제 협의: 다음 세션 전까지, 고객이 실행하고자 하는 목표와 관련된 과제는 무엇인가? 고

객이 초기에 제안하지 못할 경우, 코치가 몇 가지를 제안할 수 있다. 고객이 세션 중 토론 중에 생기는 과제와 세션→과제→목표가 어떤 연관성이 있는지 보는 것이 중요하다.
- 세션 요약: 고객이 세션에 대해 요약하는 일은 중요하다. 코치가 세션이 어떻게 진행되었는지 잘못 말할 수 있기 때문이다. 코치가 '오늘 당신을 가로막는 신념을 확인함으로써 좋은 진전이 있었다'라고 말했다. 고객은 명확하게 대답(동의하지 않음)하는 대신, 코치의 말에 동의한다고 생각할 수 있는 모호한 대답을 한다. 세션 중에 이뤄지는 요약은 코치와 고객이 목표 지향적인 단계를 유지하고 있는지 확인하고, 코칭 관계를 개선하거나, 초기 어려움을 감지하는 피드백을 제공한다.
- 세션 종료 피드백: 오늘 세션에서 고객에게 도움이 된 점과 도움이 되지 않은 점은 무엇이었습니까? 도움이 되지 않은 점을 이야기하면서 '추천받아서 왔는데, 지금까지 본 바로는 매우 실망스럽다' 또는 '당신은 내 이야기에 쉽고 그럴듯한 답만 하는 것처럼 보인다. 정말 진심으로 들은 거냐'와 같은 답을 할 수 있다. 호의

적이지 않은 피드백은, 일부 코치에게 불안과 분노를 유발한다. 코치는 마음에 부정적 자동사고NATs(예: '나는 코치로서 자질이 없다' 또는 '도와주려고 그렇게 열심히 노력하는데 어떻게 그런 말을 할 수가 있지?')가 넘쳐나는 와중에 방어적이지 않게 대응하려고 노력할 것이다. 이런 코멘트와 다른 이슈에 대한 코치의 대응은 수퍼비전(28장 참조)에서 다룬다.

안건에서 벗어날 경우, 코치와 고객 모두 현재 논의가 목표나 과제와 어떤 관련이 있는지 합리적인 근거를 따져보고 동의해야 한다. 관련성을 기준으로 두면, 코치나 고객이 기존 안건에서 벗어나 다른 사안에 관심이 생기고 이를 논의하고 싶을 때 점검하는 역할을 한다.

15

목표 설정

사례개념화에서 고객의 우려나 문제가 명확해지면, 다음 단계에서는 고객이 달성하고자 하는 결과 목표를 정한다. 목표 선택은 생각보다 쉽지 않다.

- 고객은 통제와 영향력의 차이를 이해하지 못한다. '동료들이 나를 존중하도록 만들고 싶다'(동료들이 결정할 일)라는 통제와 '만약 내 행동의 특정 부분을 바꾼다면, 동료들은 나를 더 좋아 할 수 있다'(일어날 수 있는 결과)라는 영향력은 차이가 있다. 자기 행동을 바꾸는 일은 통제 범위 안에 있지만, 다른 사람들이 자신을

존중하게 만드는 일은 통제 밖의 일이다.
- 신속하게 목표를 수정한다. 고객은 말다툼과 불편한 침묵을 피하고 싶어서 동료들의 무례한 행동('긁어 부스럼 만들지 말라')을 참는 법을 배우고 싶어 했다. 고객의 진짜 문제는 자신을 지키려고 동료를 적대시하면, 동료가 '나를 버릴지도 모른다'는 생각이었다. 고객은 현재 관계를 개선하지 못할 경우, 만일의 사태를 대비하여 혼자서도 충분히 잘 지낼 수 있는 계획을 세우는 것으로 코칭 목표를 수정했다.
- 삶의 부정적인 사건에 흔들리지 않고 침착하다. 이 경우는 사건이 당사자에게 전혀 의미가 없을 때 가능하다. 말 그대로, 부정적인 사건은 부정적인 감정을 유발한다. 부정적인 사건이 일어나길 원하지 않기 때문이다. 부정적 사건이 일어나지 않은 척하지 않고 부정적인 감정을 받아들임으로써, 승진에서 탈락한 실망감을 표현하고, 나중에 다시 도전할 수 있다.
- 목표가 비현실적으로 높거나 낮다. 비현실적으로 높은 목표는 '처음 운영하는 워크숍에서 눈부신 성과를 내고 싶다'와 같은 현재 능력 밖의 목표이다. 능숙한 운

영을 목표로 하는 것이 더 적절하며, 능력은 피드백을 통해서 향상할 수 있다. '시험에서 통과만 하면 된다. 점수는 걱정하지 않는다' 같은 낮은 목표는, 높은 점수를 기대했는데 실현되지 않을 경우 실패감을 느끼고 싶지 않아서 목표를 낮게 잡는 경우다. 일시적으로 안도할 순 있어도 성취감은 없다. 좋은 성과를 얻으려면 어려운 목표를 선택해야 한다. '사람들이 행동하는 이유는 목표를 달성하기 위한 것이므로 쉬운 목표보다 어려운 목표가 더 효과적인 행동을 만든다는 사실에 따른다'(Arnold et al., 1995: 220-1).

- 목표 달성 책임을 다른 사람에게 전가한다. '배우자가 담배를 끊어야 나도 끊을 수 있다'라고 하며 결과적으로 계속 흡연하는 상황을 만든다. 고객이 금연하면서 생기는 심리적, 육체적 불편함뿐 아니라 주변에 있는 흡연자의 유혹에 대처하는 자제력 개발에 전념한다면 배우자와 상관없이 금연할 수 있다.

- 긍정적인 말 대신 부정적인 말로 목표를 제시한다(예: 비판을 받을 때 방어적인 태도를 멈추고 싶다). 그렇다면, 비난을 받을 때 어떻게 하고 싶은가? '되도록 비

판을 객관적으로 평가하고 싶다. 비판 내용이 맞을 때는 동의하고, 이치에 맞지 않을 때는 이유를 들어 반대한다.' 그다음 단계는 비판을 평가할 때 어떻게 방어적인 태도에서 냉정을 찾을까이다. 고객이 부정적 목표를 제시하면, 보통 '지금 한 이야기는, 당신이 멀어지고 싶은 부분이다. 마음속을 살펴보고, 나아가고자 하는 방향을 말해 보라'라고 말한다.

- 현실에서 중요하거나 포기할 수 없고 서둘러야 하는 목표가 있다. 흥미도 감흥도 없지만, 성취해야 하는 목표다. 몇 가지 예가 있다. 목표는 성취하는 데 필요한 것(예: 출세를 위한 더 많은 시험)에 대한 누군가의 생각일 수 있고, 마지못해 따라가지만, 이면에 숨겨진 의미를 보아야 한다. '가져야 하는' 가치(예: 날씬하고 건강해야 함)과 실제 가치관(예: '좋아하는 것은 무엇이든 먹고 싶지만 운동은 싫다') 사이에는 충돌이 있는데, 건강이 악화하면 어쩔 수 없이 '가져야 하는' 가치관의 중요성을 서서히 알게 된다.
- '코칭 세션에서 가장 먼저 언급하는 내용은 실제 문제가 아니다'(Greene & Grant, 2003: 127)처럼 목표를

너무 일찍 설정한다. 나중에 진짜 문제가 드러났을 때, 코치는 기분 좋은 목표에만 집중할 수 있다('어려운 팀원을 더 효과적으로 관리하는 조언과 기술을 배울 수 있습니다. 어떠신가요?'). 실제로 고객이 팀원을 기피하는 이유는 '성격이 강하고 어떤 말싸움에서도 자신을 이길 것 같은 팀원에게 압도감을 느끼기 때문'이다.

- 심리적 장애를 다루는 목표가 첫 번째고 개인적 발전 목표는 그다음이다. 고객은 가끔 자신이 어떻게 되고 싶은지 관심 있는 비전을 제시하지만, 이 비전이 현실이 될 수 없게 막고 있는 심리적 장애를 다루지 않는다 (비전이 충분히 강력하면 심리적 장애는 사라진다고 믿는 일부 고객과 함께 작업해봤지만, 이 생각을 뒷받침하는 증거가 없으므로 사라졌다.)

고객: 회의에서 자신있고 편안하게 아이디어를 제시하고 반대 의견도 들으면서 활발하게 토론에 참여하고 싶습니다.
코치: 지금은 무엇 때문에 편안함과 자신감이 없는 거죠?
고객: 글쎄요, 내 의견이 잘 받아들여지지 않고, 실행 불가

능하다고 치부될까 걱정이 됩니다. 바보처럼 보일 거예요.

코치: 실제로 회의에서 아이디어를 제안하십니까?

고객: 몇 번밖에 없어요. 걱정돼서 꺼려집니다.

코치: 더 많은 아이디어를 이야기하고 싶다면, 우리는 먼저 어떤 부분을 다뤄야 할까요?

고객: 바보로 보일까 하는 걱정입니다.

- 고객의 심리적 장애에 대한 목표는 정기적으로 자신의 아이디어를 제시하고, 아이디어가 수용, 거부, 수정, 개선될 수 있음을 받아들이며 코칭에서 새로운 생각을 배우는 것이었다. 회의에서 일부 아이디어의 부정적인 평가를 부정적인 자기 평가로 가져올 필요는 없다는 새로운 생각이다(심리적 장애를 다루는 모델은 20장 참조).
- 구체적인 조건이 아닌 일반적인 목표로 명시한다('집을 팔아서 6개월 안에 새로운 지역으로 이사하고 싶다', '건강해져서 하프 마라톤을 완주하고 싶다'가 아닌 '행복해지고 싶다'). 목표 달성은 더 행복해지는 과정이다. 구체적인 목표는 명확하고 측정 가능하므로 목표 달성

(하프 마라톤을 위한 정기적 훈련)에 진전이 있는지 판단할 수 있고 성공 가능성을 높이기 위해 행동을 조정할 수 있다.

가끔 고객은 '직장에서 겪는 상황을 생각나는 대로 말하고 싶다' 같은 일반적인 용어로 말하길 원한다. 그리고 목표에 초점을 맞춘 대화에 제약받고 싶어 하지 않는다. 이 경우 명확한 목표와 행동 계획 접근방식을 가진 인지행동 코치라면 두서없는 대화에 적응할 수 있는지 자문해야 한다(적응하지 못할 경우, 고객을 다른 코치에게 보낸다). 장기적인 발전을 위한 코칭에서, 너무 일찍 목표를 설정하면 고객이 근본적인 개인 문제와 직업에서의 고민을 자유롭게 탐색할 수 있는 사색 공간의 형성을 막는다. 어떤 고객은 직장에서는 현실적이고 에너지도 많고 강인하며 결과 지향적이라서 가끔은 자신을 너무 강하게 밀어붙이는데, 집에서는 만만한 사람이라며 어떻게 이럴 수 있는지 이야기했다. 고객은 더 큰 자기 이해를 통해 자신이 추구하는 개인의 삶과 직장에서의 변화를 끌어내는 새로운 사고방식을 보기 시작했다(원하는 바가 더 명확해졌을 때, 스스로 분명하고 측정 가능한 목표를 세우기 시작함).

목표는 합의했더라도 고정된 것이 아니고, 들어오는 정보(예: 세션 외 과제)에 따라 변할 수 있다. 목표가 너무 커서 축소할 필요가 있거나, 예상보다 빠른 진전으로 이를 활용해서 더 도전적인 목표를 원할 수 있다. 전혀 예상치 못한 목표가 나올 때도 있다. 회사가 정한 목표에 맞춰 고객의 실적 향상을 돕는 코칭을 했을 때, 세 번째 세션에서 고객은 갑자기 지금 직업이 너무 싫고 퇴사할 계획이며, 정원사가 되고 싶다고 선언했다.

16

인지 모델 교육

인지행동 코칭 첫 번째 세션에서는 사건과 관련된 긴 이야기에 관여하기보다, 고객이 사건에 대한 인지 평가와 관련된 정서와 행동 반응에 방향을 맞추도록 한다. 즉 인지 모델을 가르친다. 사건에 대한 논의가 지나칠 경우 사건 자체만으로 반응을 일으킨다는 인상을 준다. 코치의 판단하에 모델을 알려줄 가장 좋은 시간이나 시기를 정한다. 아래 예시에서, 고객은 첫 세션에 늦었고, 시간을 지키지 않은 일이 신경 쓰인다고 말한다.

    코치: 어떤 생각이 늦은 것을 신경 쓰게 했습니까?
    고객: 나쁜 인상을 줄 수 있기 때문입니다. 아마 당신은 내가

무례하고, 버릇없고, 이 시간을 진지하게 생각하지 않는다고 생각할 수 있죠.

코치: 신경 쓰지 않았다면, 어떤 생각을 했기 때문일까요?

고객: 교통 체증은 내가 어쩔 수 없는 부분이라고 생각하거나, 이 세션에 비용을 지불한 건 나이고, 내가 늦으면 돈을 쓴 내 시간이 짧아지는 거지, 어쩌겠어라는 생각이죠.

코치: 제가 무슨 말을 하고 싶은지 아시겠습니까?

고객: 늦는 건 별거 아니고, 이에 대한 내 생각이 문제였군요.

코치: 맞습니다. 당신이 코칭에서 이야기하고 싶은 문제도 이런 방식으로 연관시킬 수 있게 사고 중심의 수준을 유지하면 좋겠습니다.

세션 중에 고객이 침묵하거나, 눈물을 흘리거나, 깊은 한숨을 쉬거나, 질문에 화를 내거나, 바닥만 응시할 수도 있다. 이런 순간에 '무슨 생각으로 지금 그렇게 깊은 한숨을 쉬나요?'와 같은 질문으로 생각을 탐색하게 하여 모델을 알려준다. 질문을 통해 모델을 가르쳐줄 경우 고객은 코치가 말하는 것보다 스스로 생각과 감정의 연결고리를 만들 수 있다.

그러나 코치는 모델을 가르칠 때 설교적인 자세를 취할 수 있다(일부 고객은 직접적인 설명을 선호한다). 생각한 대로 느끼는 방식은(Burns, 1999) 출발점이 된다. 이 말의 의미를 예를 들어 설명해보자. 두 사람이 승진을 두고 경쟁했지만 둘 다 승진하지 못했다. 두 사람 모두 같은 상황이지만 한 사람은 받아 마땅한 승진을 빼앗겼다는 생각에 화가 난 반면, 다른 사람은 실망한다. 승진하지 못해 유감스럽긴 하지만 다른 기회가 있으리라 생각하기 때문이다. 각자가 느끼는 방식은 상황 그 자체가 아니라, 감정에 강력한 영향을 미치는 상황을 어떻게 해석하느냐이다.

고객은 3년의 장기 프로젝트를 맡는 일에 대한 불안감도 이 모델과 연관시킬 수 있는지 물었다.

> 고객: 프로젝트가 성공할지 실패할지 결과에 대한 긴장 속에 있기에 3년은 너무 긴 시간입니다.
> 코치: 현재 결과를 어떻게 보십니까?
> 고객: 실패라고 봅니다. 걱정하는 이유죠. 그렇게 생각해서는 안 되는 걸 알지만, 그렇게 되네요. 이런 말을 상사가 듣고 싶지 않을 거에요.

이와 같이 기분은 상황에 대한 해석과 같이 간다. 그렇지만 결정적으로, 시야를 넓혀 상황을 바라보고 다른 대처 방식이 있는지 볼 준비가 되었다면, 적용 가능한 해석이 하나만 있는 것은 아니다('관점의 확장'은 치료에서와 마찬가지로 코칭의 인지적 주제이다). 차트에 사고와 감각의 관계를 기록하여 뒤섞인 고객의 이야기에 어느 정도 질서와 명료성을 갖게 한다.

코치: 당신의 이야기에서 인지행동 코칭의 세 가지 핵심 요소를 찾았습니다[차트에 기록]:

상황	생각	정서
직속 부하가 무례하게 대함	감히 내게 그런 말을 하다니!	분노
	그는 나를 존경해야 한다. 나는 그의 상사다.	
	나에게 그런 말을 하다니, 나에 대한 존경심이 없어진 게 틀림없어.	불안
	내가 그를 실망시켰나?	
	나머지 팀원들도 그처럼 생각하고 있을까?	

고객: 모든 생각이 분노와 연결된다고 생각했는데 차트를 보니, 불안한 생각이 가진 함축성 때문에 더욱 골치 아

팠다는 걸 알게 되었습니다.

코치: 답을 암시하는 듯이 보이는 두 가지 수사적인 질문을 명확한 서술로 바꾸면, 더 분명한 함축적 의미를 확인할 수 있습니다.

고객: 좋습니다. 첫 번째는 '어떤 식으로든 내가 팀원에게 실망감을 줬음이 틀림없다'이고, 두 번째는 '부하직원들이 그렇게 생각한다면, 나는 형편없는 매니저임이 분명하다'입니다. 그런데 그 직원이 나에게 화가 났거나, 나머지 팀원들이 비슷하게 생각한다고 해서 내가 형편없는 매니저라고 생각하지 않아요.

화나게 하는 생각에서 한 발짝 물러서서 냉정히 볼 때(인지행동 치료에서 탈중심화decentring라고 말함), 즉 생각과 신념을 사실이 아닌 의견으로 다루면 어떤 고객은 코치의 안내 없이 바로 자신의 생각과 신념에 이의를 제기하기 시작한다(고객의 마지막 말처럼). 그러나 일부 고객은 신념이 약화하지 않고 당황하거나 부끄러워해서 즉시 자기 신념을 부인할 수 있으니 경계해야 한다.

고객이 인지 모델을 이해했다고 말했지만 동의하지 않을 때 침묵할 수 있다는 사실을 기억해야 한다(이해와 동의를 동일시하는 착각). 따라서 인지 모델에 대한 의구심, 우려, 이의 사항을 끌어낼 필요가 있다. 고객은 어떤 상황에서는 모델을 적용할 수 없다고 말한다(이러한 상황은 신경 쓰지 않는다. 고객의 생각은 이런 상황에 의미를 부여하는 데 어떤 역할도 하지 않는다).

코치: 인지 모델을 적용할 수 없는 상황은 어떤 상황입니까?
고객: 이사회에서 프레젠테이션은 그 자체가 엄청나게 신경이 곤두서는 일입니다.
코치: 프레젠테이션을 '엄청나게 신경이 곤두서는 일'로 만드는 데 덧붙인 생각이 있나요? [머리를 두드리며]
고객: 아니요. 동료들 모두 같은 생각을 하고 있어요.
코치: 동료들의 생각을 조사해서 확인했습니까?
고객: 조사는 하지 않았습니다! 동료들도 그렇게 이야기를 합니다.
코치: 특별히 신경 쓰이는 게 있나요?
고객: 평가받는 거요. 당연하지 않나요?
코치: 제가 볼 때, 당신이 아니라 당신의 프레젠테이션을 평가하는 거로 생각합니다만.
고객: 그 상황에서는 그렇게 생각하지 않을 걸요.

[프레젠테이션에 부여한 개인적 의미가 나타나기 시작함.]

코치: 프레젠테이션을 할 때, 사람들이 당신을 어떻게 판단한다고 생각하십니까?

고객: 부족하고 모자란다고요. 나를 꿰뚫어 볼 수 있고요.

코치: 그런 마음속 비판이 집중을 방해하나요?

고객: 말하는 중간에 몇 마디를 더듬거나 불필요하게 말을 멈추기 시작하는데, 이 부분도 걱정됩니다.

코치: 마음속에 갑자기 떠오르는 이미지가 있습니까?

[인지행동 코칭에서 '인지'는 이미지를 포함하는데, 의미를 알려주는 데 생각과 신념만큼 중요하다.]

고객: 직장을 잃고, 집이 작아지고, 아이들이 사립학교에서 쫓겨나고, 친구를 잃고, 끔찍하게 하락하는 이미지요. 이 많은 일이 마음속에 깊이 파고들면 집중하기 어렵습니다. [의미 분출]

코치: 아직도 이 '믿을 수 없을 정도로 신경이 곤두서는 일'에 당신이 아무런 역할[머리를 두드리며]도 하지 않았다고 믿습니까?

고객: 알겠습니다, 내가 원인을 제공했네요. 왜 외면했는지 모르겠습니다.

고객은 다른 고객과 마찬가지로 사건에 대한 자신의 비

생산적인 반응에 심리학적 책임을 지는 일이, 회피하려고 한 자신을 탓하는(그렇게 행동하다니, 정말 바보 같다) 것을 의미한다고 생각했다. 즉 책임감 → 비난 → 자기 비하 → 괴로움으로 이어졌다. 인지행동 코칭에서 심리적 책임은 자신의 생각, 정서, 행동에 책임감을 느끼고, 목표 달성을 방해하는 요소를 변화시키는 것을 의미한다. 비난은 심리적 책임을 지는 게 아니다. 현재 방식과 다른 대응 옵션을 탐색하고, 선택한 대응 방안을 실행해야 함을 인정하는 것이다.

어떤 고객은 특정 상황에서 자신이 어떤 생각을 하는지 모르고 자신이 확인할 수도 없는 생각을 책임져야 한다는 것을 예상하지 못하겠지만, 자신이 어떤 기분인지는 안다. 코치는 고객에게 상황을 생생하게 상상해보라고 한다.

> 고객: 팀장이 모두에게 의견을 물어보고 있는데, 내 차례가 다가오고 있어요. 너무 긴장되고 불안합니다.
> 코치: 마음의 눈으로 그 감정을 살펴보세요.
> 고객: 흠, 필사적으로 그 자리에 있는 사람들에게 깊은 인상을 주는 똑똑한 말을 하려고 합니다. 아무것도 생각나

지 않고, 머리가 얼어붙고 있습니다. 차례가 가까워질수록 점점 더 심해져요.

코치: 당신 차례가 되면 어떻게 될 것 같습니까?

고객: 횡설수설하는 바보로 보이겠죠.

고객의 생각을 활성화하는 다른 방법으로는, 유사한 상황에서 다른 사람들은 어떤 생각을 하는지 물어보거나, 코치와 역할극을 통해 겪고 있는 대인관계의 어려움을 재현하는 방법이 있다. 예를 들어, 동료에게 특정 상황에서 발생하는 최악의 상황은 무엇인지 물어보거나, 코치는 고객의 가설(실제로는 고객의 생각)에 반대 의견을 말한다(Beck, 2011).

고객: 상사와 이야기할 때, 상사가 가끔 안경을 벗어서 테이블 위에 놓고 눈을 감고 문질러요. 그럴 때 불편합니다.

코치: 뭐가 불편한가요?

고객: 잘 모르겠습니다.

코치: 당신이 좋은 아이디어를 주었기 때문일 수도 있어요. [반대 주장을 함]

고객: 글쎄요. 상사를 보면, '이런 말도 안 되는 일로 내 시간

을 낭비하고 있는 거야?'라고 생각하는 걸 알 수 있어요. [평가 중에, 고객은 상사가 일이 잘못될 징후가 있는지 주의 깊게 살핀다고 함]

심리적 책임을 지는 일은 매우 환영할 만한 발전이다. 기분이 나아지거나 다르게 행동하기 전에, 다른 사람이나 상황 변화에 의존할 필요가 없음을 보여주기 때문이다. 다른 사람이나 상황 변화에 의존할 경우 독립적으로 변화를 이루기가 훨씬 어려워진다. 따라서 인지행동 코칭에서는 '다른 사람이 나를 이런 식으로 느끼거나 생각하거나 행동하게 한다'는 수동적인 표현을 사용하지 않는다. '이 상황에서 나를 만든 것은[예: 분노, 긴장] 나 자신이다. 왜냐하면 나는 ~라고 믿기 때문이다' 같이 능동적으로 표현하는 것이 중요하다. 일부 고객은 능동적인 표현으로 이야기하면 심리적으로 노출되었다고 느낀다.

고객: 방어막이 사라진 것 같습니다. 더는 변명이나 합리화를 할 수 없어요. 다른 사람을 손가락질하며 남 탓을 하면 위안이 되는데, 이걸 포기하는 게 좀 무섭습니다.

코치: 다른 사람이나 사건에 대한 자신의 반응을 책임지는 데 어떤 이득이 있나요?

고객: 가장 큰 이점은 내가 내 반응을 더 잘 통제하는 느낌이고, 만약 특정한 반응을 좋아하지 않는다면 바꾸는 법을 배울 수 있죠. 스트레스 받을 때 항상 상사의 기분을 탓하고, 가끔은 상사가 다른 부서로 이동하거나 심지어는 쓰러지길 바라기도 합니다. 물론 그 후임으로 오는 상사가 더 나쁠 수도 있죠.

코치: 더 나쁘든 좋든, 여전히 기분을 상사와 연결하고 있네요. 상사가 어떤 사람이든 당신의 통제 밖에 있습니다. 그리고 기분을 조절하는 일은 당신이 통제 가능한 범위 내에 있어요.

고객: 그게 코칭에서 배우고 싶은 부분입니다.

[고객의 좋지 않은 기분은, 상사는 항상 합리적으로 행동해야 하고, 어떤 과도한 압박도 가하면 안 된다는 믿음에서 나왔다.]

수동적인 표현에서 능동적인 표현으로 전환하도록 코칭 전반에 걸쳐 강조한다. 고객 자신이 삶을 스스로 변화시킬 능력이 있다는 인식이 높아지면서, 셀프 코치로 발전하는 데 일부 역할을 하기 때문이다. 즉 자신을 제한하는 신념이 해체되고 성장 신념으로 대체되면서 확대된 내부 통제감은 더 많은 성취를 가능하게 하고, 더 광범위한 골치 아픈 상황(그동안 회피했던 상황을 포함)에 대처할 수 있는 자신감을 준다. 그리고 이전에는 도달하지 못할 목표라고 여겼던 목표 달성에 대해 더 낙관적으로 생각한다.

17

심리적 건강의 두 가지 주요 속성

코칭, 리더십, 스포츠 심리학, 긍정심리, 회복탄력성에 관한 책에는 인생에서 성공하는 데 필수로 여기는 강점, 속성 또는 자질 목록이 있다(26장에서는 이 같은 방식으로 회복탄력성의 자질에 대해서 다룬다). 이 목록은 광범위하고, 각각의 특성을 몇 개의 문장으로만 설명하기도 한다. 결코 10~20개의 모든 특성을 개발할 수 없을 거라고 이야기하는 것처럼 보이기도 한다. 어떤 속성이 다른 속성보다 더 중요한가? 아니면 모두 똑같이 중요한가? 많은 속성 가운데서 심리적 건강에 필수라고 생각하는 두 가지, 자기수용과 높은 욕구좌절 인내성high frustration tolerance(HFT)을 택하여 심도 있게 논의하려고 한다.

17.1 자기 수용 self-acceptance

자기 수용이란 결점을 포함한 자신의 모든 것을 받아들이고, 자신에게 어떤 일반적인 평가나 순위(긍정적이든 부정적이든)를 붙이지 않음을 의미한다. 평가는 개인의 복잡성, 가변성, 독특함을 포착할 수 없기 때문이다. 어떤 사람은 자신을 승진할 때는 성공으로, 좌천될 때는 실패라고 말한다. '성공' 또는 '실패'라는 말이 한 사람의 과거, 현재, 미래와 삶 전체를 정확하고 완전하게 요약할 수 있는가? 어떤 고객은 중요한 목표를 달성하지 못하는 등의 좌절을 경험했을 때 '나는 틀림없는 실패자라고 느낀다'고 한다(2장의 정서적 추론 참조). 고객은 '목표 또는 행동 실패 = 자기 실패'라는 추론으로, 일부분을 전체 오류와 동일하게 만든다.

자기 수용은 자신의 특성, 행동, 성취, 실망을 토대로 한 자기 평가를 거부하지만, 바꾸기 원하는 측면은 평가한다. 예를 들어, '가끔 생각했던 것보다 더 많은 문제를 가져오는 행동을 하지만, 그런 나를 받아들인다. 그래도 행동하기 전에 생각해야 함을 일깨우며 열심히 노력한다. 여전히 좋은 행동인지 아닌지를 생각하며 48시간을 기다리는데, 보통은 좋은 행동이 아니다.' 만약 이 사람이 충동적인 자신을 비난한다면, 충동적인 행동이라는 한 가지 문제에 또 다른 문제가 하나 더 추가된다. 즉 충동성(원래 문제)과 자기 비하('충동적으로 행동하는 나는 정말 쓸도없다' – 추가된 문제)이다. 고객에게 '몇 가지 문제를 원하십니까?'라고 묻는다. 때로는 자기 비하('계약을 성사시키지 못했으므로 나는 무능하다')는 저조한 기분, 음주량 증가, 미루기, 짜증, 생산성 저하, 수면 패턴 저하, 사회적 철수 등 일련의 정서적, 행동적 결과를 초래하기도 한다.

코칭 세션에서, 카드 한 팩을 열고 한 번에 한 장씩 카드를 테이블 위에 놓으면서 자기 비하로 인해 이어지는 문제 순서를 생생하게 설명할 수도 있다. 어떤 고객은 카드 한 팩을 사서 열지 않은 채로 책상 위에 두고 업무처리에 집중하도록 자신에게 상기시킨다. 자기 비하와 그 결과에 정신이 팔려 카드를 여는 시간을 낭비하지 않는다. 여기서 핵심은 자기 수용은 문제를 줄이고, 자기 비하는 더 많은 문제를 수반한다는 사실이다.

자기 수용은 현실에 만족함을 의미하지 않는다. 만약 자신을 받아들인다면, 인생에서 무언가를 위해 애쓸 필요가 있는가? 당신은 원하는 만큼 야망을 가질 수 있고 원하는 만큼 열심히 일할 수 있다. 자기 수용을 통해 실패하거나 거절당할지 모르는 위험을 감수하는 일에 대해 지나치게 걱정하지 않을 수 있다. 또 개인의 가치가 성공을 성취하는 데에 얽매이지 않으므로, 다시 말해 성공과 실패를 너무 심각하게 받아들이지 않아 성공해도 자만하지 않는다. 만약 자기 수용을 현실에 안주하는 듯한 행동이라고 생각한다면 그 개념을 이해하지 못했거나 자신의 관점으로 흡수했다고 보기 어렵다.

진정으로 자기 수용을 이해하고 내면화하기 위해서 자신을 비난하거나 비웃거나 거절하는 다양한 상황(신체적 위험을 주는 상황이 아님)에 둘 필요가 있다. 행동이나 태도만 비난하는 것이 아니라 깎아내리는 상황을 뜻한다. 예를 들어, 사회 집단의 일부 구성원이 자신의 의견에 언어적 폭력을 가할 것을 알고도 진실된 의견을 말한다. 반면, 이전에는 구성원의 동의를 얻고, 언어적 공격에서 자신을 안전하게 지킬 수 있는 의견을 제시했을 것이다. 이런 행동, 또는 이런 행동의 부족은 자기 수용에 대한 신념의 강도가 말로만 하는 인정인지, 입증하고자 하는 헌신적인 말인지를 결정한다.

자기 수용을 내면화하면 장기적으로 심리적 안정감을 얻지만, 흔들림 없이 되지는 않는다. 삶에서 예상치 못한 불행을 만났을 때, 추락한 최저점에서부터 자기 존중을 끌어올리지 않아도 되므로 자동적으로 복원되는(즉, 정상적인 기능으로 복귀) 과정이 빨라진다. 시간이 지남에 따라 자기를 비하하는 사건이 줄어들고(그러나 없어진다는 기대는 하지 마라) 이전만큼 지속하지 않으면 자기 수용에 대한 확신이 깊어졌는지 알 수 있다.

자존감에 대해 말하면, 나는 자존감을 높이는 데 도움을 주는 일을 좋아하지 않는다. 왜냐하면, 자존감은 많은 친구, 배우자, 동료의 존경, 이상적인 몸무게 달성, 예의 바른 아이들, 젊어 보이려는 노력, 휴가 같은 특정한 요구 조건에 따라 높아지거나 낮아지기 때문이다. 만약 원하는 조건 가운데 하나 이상이 삶에서 없어진다면, '살이 쪘다. 내가 혐오스럽다'와 같이 휴면 상태였던 부정적 핵심 신념이 활성화하고, 그 안에 빠지게 된다. 자존심은 내부 주식시장과 같다. 이번 주에 자기 평가가 어떤지에 따라 자아의 가치가 오르락내리락한다.

17.2 높은 욕구좌절 인내성

변화를 기대하는 일은 변화를 위한 노력보다 더 매력적일 때가 있다. 새로운 생산적인 생각과 행동을 익히려면 높은 욕구좌절 인내성의 개발이 필요하다. 높은 욕구좌절 인내성은 겪어보지 못했던 좌절이나 어려움에 직면할 때마다 끊임없이 어려움을 호소하거나 자기 연민에 빠지지 않고, 불확실성, 격변, 괴로움을 견디는 능력이다. 미래에 덜 고통스러우려면, 지금 예상되는 상당한 불편함을 좋아하지 않아도 받아들여야 한다. 문제에 맞서는 노력으로 문제는 해결되기 시작한다.

아이러니하게도, 이런 불편함을 피하는 사람은 삶의 불만족에 대해 계속 불평하면서도, 해결하기 위해 거의 또는 아무것도 하지 않는다. 이 때문에 비생산적인 형태의 욕구좌절 인내성, 즉 어떤 유익한 결과도 얻지 못하는 인내성을 보여준다.

높은 욕구좌절 인내성의 인지 핵심은 '불편함과 좌절감을 인내해서 목표에 도달하겠다'는 목적을 지닌 지속성이다. 고객에게 앞으로 해야 하는 일에 편안함을 느끼는지 묻지 않는다. 높은 욕구좌절 인내성은 편안한 상태에 머물러서는 개발할 수 없으므로 이런 질문은 의도와 반대되는 결과를 초래한다. 그리고 코치가 '노력하는 과정에서 편안함을 느끼는가?'와 같은 질문을 지속해서 하면 고객의 과정을 방해한다. 또 어떤 고객에게는 고통 없이 쉽게 변화하는 방법이 있다는 암시를 줄 수도 있다.

목표 달성 확률을 높이는 데 더 생산적인 방법은 높은 욕구좌절 인내성을 갖게 되었을 때의 이점을 이야기하는 것이다. 예를 들어, 고객이 매일 감당해야 하는 불편함daily dose of discomfort(DDD)과 관련된 세션 외 과제를 수행한다. 밀린 서류 작업이나 대인관계에서 오는 갈등처럼 지루하고 부담스럽고 불쾌하다고 인식해서 한동안 회피해온 일을 해결하는 과제를 실행에 옮긴다. 불편함에 몰입해서 이런 문제를 해결함으로써 삶이 얼마나 더 효율적으로 변하는지 깨닫는다.

높은 욕구좌절 인내성을 가진 사람은 적게 스트레스받고 더 많은 것을 성취하며, 자신을 더 좋게 생각한다. 좌절에 맞서고 좌절에 대한 인내를 쌓는다. 그리고 이 감정과 관련된 문제를 해결하기 위한 행동은, 당신이 원하는 삶의 방식을 책임지는 가장 좋은 방법이다.

(Knaus, 2002: 46)

행동 계획

빠져나가기 힘든 상태에서 겪는 어려움을 논의하고 원하는 목표를 명확히 했다면, 다음 코칭 단계는 목도에 도달하기 위한 행동 계획 세우기이다. '행동 계획을 세우기 전에, 편안함과 자신감을 가져야 한다'는 믿음 같은 행동 계획/실행에 심리적 장애물이 있는 경우, 이를 가장 먼저 다루어야 한다(19장 참조). 실행 계획은 목표 도달에 필요한 단계를 구체적으로 명시한다. 각 단계는 언제, 어디서, 어떻게, 얼마나 오래 노력해야 하는지, 실행하기 어렵다고 판단할 경우 대책은 무엇인지 등 일련의 질문으로 명확히 해야 한다. 코치가 명심해야 하는 고려사항은 다음과 같다.

- 고객이 특정 상황에서 전과 같이 소극적으로 행동하거나 화를 내지 않고, 적극적으로 행동을 실행할 수 있는 기술을 가졌는지 평가한다. 고객이 적극적인 행동이 무엇인지 이해하지 못하면, 세션 내에서 적극적인 행동의 리허설이 필요하다.
- 고객이 선택한 과제에 정말로 관심이 있는지 물어본다. 코치가 리스트 작성하기, 일기 쓰기 등을 통한 데이터 수집을 지나치게 강조하면, 고객은 의무감을 느낄 수 있지만, 행동 과제를 통해 데이터를 모으면 고객을 더 고무시킬 수 있다.
- 세션이 끝날 무렵에 세션 외에 수행할 과제를 하나만 확인하지 말고, 세션 진행 도중에 나왔던 실행 가능한 과제 몇 가지를 더 작성하도록 돕는다. 선택 가능한 여러 목록 중에서 과제를 선택하면, 수행에 대한 고객의 관심과 동기를 높이는 데 도움이 된다.
- 과제는 도전적이지만 감당할 수 있는 과제로 협의한다(Dryden & Neenan, 2015). 건설적인 변화를 촉진하기에 충분한 자극이 되면서도, 수행을 방해할 만큼 벅차지 않은 과제를 말한다. 고객은 완벽주의적인 신

념에 이끌려 너무 많은 일을 빨리 시작하고 싶어 하고 (예: '어려움에 대한 즉각적이고 종합적인 해결책을 찾아야 한다'), 코치는 코치로서의 능력을 보여주려고 너무 이르게 야심 찬 조치를 취하게 유도할 수 있다(어느 쪽이든, 고객은 과제의 크기에 압도된다). 또는 반대로 코치와 고객 모두 불편한 경험을 최소화하기 원하는 경우, 코칭은 너무 느리게 진행된다. 다시 말해, 고객은 부담 없는 과제를 수행하고, 코치는 고객이 화를 낼까 봐 더 강하게 몰아붙이고 싶어 하지 않는다(어느 쪽이든, 고객은 실체가 없는 미미한 진전에 아무런 감흥을 느끼지 못한다).

다음 대화에서는 코치와 고객이 목표 지향적 행동 계획의 첫 번째 단계가 무엇인지 논의한다.

코치: 목표를 다시 한번 말씀해주세요.
고객: 앞으로 3개월 안에, 지루한 일을 처리하는 것입니다. 오랫동안 피하고만 있었어요.
코치: 우리는 회피했던 일이 무엇인지 리스트를 작성했고,

꽤 많았죠. 이런 불편함을 받아들이는 과정을 통해서 바라는 점은 무엇입니까?

고객: 이를 악물고 참는, 높은 욕구좌절 인내성을 개발하고 싶습니다. 삶을 훨씬 더 성공적으로 만들고 싶어요.

코치: 그렇다면, 변화를 위한 행동 계획의 첫 단계는 무엇인가요?

고객: 흠…. 주말에 차고나 자동차 청소를 할까 고민하고 있어요.

코치: 단조로운 주말에 갑자기 긴 시간 동안 회피해왔던 일에 몰두할 수 있다고 생각하십니까?

고객: 저도 그게 의심스럽습니다. 그냥 그 일을 빨리 끝내고 싶어 안달이 난 것 같아요.

코치: 이 단계에서 의욕을 조금 낮춘다면, 어떤 이점이 있을까요?

고객: 확실한 이점은 걷기도 전에 뛰려고 하지 않는 거죠. 자동차 청소도 너무 빨리 지루해질지도 모르겠습니다.

코치: 차고 청소를 시도한다면 어떤 방해요소가 있을까요?

고객: 스스로 설정한 과제의 방대함에 압도당해서, 포기하고, 의기소침해지고, 실패자 같고, 어쩌면 다시 코칭을 하러 오지 않을지도 모르겠습니다.

코치: 그렇다면, 자동차 청소가 첫 번째 단계인가요? [고객

이 고개를 끄덕임] 언제, 어디서, 몇 시에 하실 생각입니까?

고객: 이번 주 일요일 오후 2시 집에서 하겠습니다.

코치: 시간을 얼마나 쓸 예정인가요?

고객: 적어도 30분은 투자하고 싶습니다.

코치: 청소를 하는 데 방해가 될 만한 잠재적인 장애물이 있습니까?

고객: 보통은 한 가지죠. 귀찮다!

코치: 계속 귀찮아지면 어떻게 하시겠습니까?

고객: 이번 주 내내 '일요일 오후 2시에 청소해야 한다'는 큰 팻말을 차에 두겠습니다.

코치: 좋습니다, 그리고 일요일에 있었던 일을 메모해 두세요. 이런 초기 작업에서 많은 정보를 얻을 수 있습니다. 만약 이 작업이 너무 어렵다면, 더 작은 작업으로 나눌 수 있어요. 큰 어려움 없이 해낸다면, 더 크고 어려운 일을 할 수 있고, 더 빠른 진전을 이룰 수 있습니다.

고객: 첫 번째 성공을 위한 조언이 있나요?

코치: 당신처럼 일을 미루는 사람에게, 그 일을 할 때 내게 메일을 보내라고 합니다. 보통 이메일을 보내는 것이 동기를 증가시키죠.

고객: 좋아요, 그러면 더 자극받을 거 같습니다.

코치: 하지만 코칭 초기 단계에서 이메일 보내기는 동기부여로 제안할 뿐이에요. 성공의 열쇠는 코치의 지속적인 도움 없이 행동 계획에 포함된 모든 과제를 완수하는 내적 동기를 개발하는 일입니다.

고객: 알겠습니다.

[고객은 일요일에 너무 '단단히 마음 먹어서', 오전 7시 30분에 작업을 시작해서 오전 9시까지 자동차 전체를 청소했다. 그 뒤 회피했던 업무 목록을 상당히 빠르게 처리하면서, 스스로 설정한 3개월 이내에 모두 완료했다.]

레이히Leahy(2005)는 개인의 임파워먼트에 세 가지 단계가 있다고 말한다.

1. 목표는 무엇인가?
2. 이루기 위해서 해야 할 일은 무엇인가?
3. 그 일을 할 의향이 있는가?

목표와 관련된 세션 외 과제(세션과 세션 사이에 수행하는 과제)는 의지를 테스트한다. 세션 외 과제 수행은 인지행동 코칭을 성공으로 이끄는 데 필수이다. 인지행동 치료

CBT 연구 문헌(e.g Kazantzis et al., 2005)에서는 세션 외 과제 작업을 수행하는 고객이 그렇지 않은 고객보다 더 큰 개선을 이룬다는 증거를 보여준다. 많은 독자는 이를 상식적인 결과라고 생각할 수 있다(인지행동 치료는 주장에 대한 실증적인 증거를 선호한다).

코칭 세션은 고객의 일상적인 경험에서 벗어나 있으므로, 변화를 평가하는 데 충분하지 않은 영역이다. 과제를 통해 어려움이 발생하는 실제 상황에서 도움이 되지 않는 생각과 행동을 테스트하고 변경하며 새로운 문제 해결 가능성에 깊은 확신을 하고 역량과 자신감을 높여 새로운 기술을 배우고 적용한다.

세션이 끝날 때는 과제를 논의하기 충분한 시간을 남겨놓고, 명확하고 구체적인 용어로 과제를 작성해서 코치와 고객 모두 사본을 가지고 있어야 한다([표 18.1] 참조: 세 번째 열까지는 세션 중에 작성).

글로 과제를 작성하는 작업은, 구두로만 전달할 경우 발생 가능한 오해를 상당 부분 감소시킨다. 고객이 세션 중 논의에서 과제가 어떻게 생겨나고, 목표와 연결점(세션→과제→목표)을 확인하는 일은 중요하다. 마지막으로, 과제는 모두 수행하거나 일부만 수행하거나, 전혀 수행하지 않아도 성공이나 실패가 아닌 지속적인 학습에 초점을 맞춘다. 톰킨스Tompkins(2004)는 세션 외 과제를 검토하는 5C를 제안한다.

1. 일관성을 유지하라Be consistent - 매 세션마다 시작 전에 과제를 검토한다.
2. 호기심을 가져라Be curious - 특히 과제를 수행하지 않은 경우, 개방적이고 비판단적인 방식으로 접근한다.
3. 칭찬하라Be complimentary - 아무리 작은 노력이라도 과제를 수행하려는 시도이다.
4. 주의하라Be careful - 중요하지 않은 척하면서 완료되지 않은 과제를 보강하지 마라.
5. 과제를 검토하면서 얻은 정보에 따라 과제의 수정이나 반복을 고려하라Consider changing or repeating the task.

코치는 고객이 서로 협의한 과제를 하지 않았을 때 자신의 반응을 살펴봐야 한다. '고객이 코칭을 진지하게 받아들이지 않는다'는 이유로 화를 내거나, 과제 수행에 계속 불응하는 것을 보고 '정말 좋은 코치라면 지금쯤은 이 문제를 정리했을 텐데, 코치로서 실패했다'라는 의미로 받아들여 불안해할 수 있다. 코치는 유능한 수퍼바이저의 도움을 받아 자기 생각과 정서에서 한 걸음 물러서서 더 생산적인 반응을 찾아야 한다(28장 참조). 코치는 열린 마음으로 고객에게 무엇이 문제인지 물어본다. 고객은 '내가 과제를 제안할 때마다 당신은 항상 트집을 잡았고, 당신이 제안한 과제가 더 나았어요. 그래서 당신이 제안한 과제를 수행하는 데 열심이지 않았습니다. 이 때문이에요'라고 답할 수 있다. 이럴 때 코치는 사과하고 끊임없이 흠을 잡는 방식이 아닌, 고객의 제안에서 잠재적인 어려움이 보이지 않는 한 고객의 제안으로 코칭을 끌어나간다.

[표 18.1] 세션 외 과제 양식

과제는 무엇인가?(수행 시기, 장소, 빈도 및 기간 명시)	과제 목적은 무엇인가? (목적은 세션 중 행해진 작업에서 이어져야 하고, 고객의 목표와 연결되어야 함)	과제 완료를 방해하는 장애물 해결	협의한 과제를 완료했는가? 그렇지 않았다면, 무엇이 과제 수행을 방해했는가?
		잠재적인 장애: 대응:	

19

세션 외 과제 수행을 방해하는 신념

자기 패배적이고 목표를 방해하는 여섯 가지 신념이 있다. 이 신념은 변화하고자 하는 고객의 의지와 노력을 약화한다(Neenan & Dryden, 2014).

1. **'성공을 확신할 때까지 건설적인 행동을 할 수 없다'**
   여행의 첫발을 내딛기 전에 여행이 어떻게 끝나는지 알고 싶다면 신발을 신을 이유가 없다. 불확실성을 걱정하는 사람은 '알 수 없는 것과 위험을 동일시한다. 그러나 실제로 불확실성은 결과에 대해 중립적이다.'(Leahy, 2005: 105; emphasis in original) 즉 실패에만 집착하지 않고도 고려할 수 있는 결과는 다양하다. 변화에는 의심과 불확실성이 따르고, 이들이 암시하는 두려움보다는 존재 자체를 받아들여야 한다.

2. '편안함을 느낄 때까지 건설적인 행동을 할 수 없다'

마음이 편안해야 변화를 위한 과정을 시작할 수 있다고 믿는다면, 시작은 먼 미래로 사라져버린다. 만약 과제를 수행하리라 기대하지 않는다면, 왜 과제 수행에 편안함을 느껴야 하는가? 건설적인 행동을 시작하면, 어려움을 피하지 않고 직면하기 때문에 불편함을 느낀다. 그러나 엘리스Ellis(2002년: 155년)는 '스스로 싫어하는 일을 하게 하고, 억지로 하게 하고, 계속하게 하라. 마침내 그 일이 쉽고 편해질 때까지 일부러 불편해지도록 자신을 몰아붙여라'라고 말한다. 한마디로, 불편함이 먼저이고 편안함은 그 뒤이다.

3. '통제력 없이는 건설적인 행동을 할 수 없다'

사건에 대한 반응을 완전히 통제해야 한다고 믿는 고객은, 실제로 '동료들이 나를 나약하다고 생각할 것이다'라는 다른 사람의 평가와 통제력 상실에 대한 두려움을 강화한다. 자제력을 요구하는 것은 통제에 대한 착각이다. 진정한 통제란, 통제력을 잃는 것을 두려워하지 않고, 통제력을 잃었을 때 자기 비난이 아닌 자기 수용을 하고, 통제력을 되찾을 건설적인 방법을 찾는 것을 의미한다. 예를 들어, 고객은 얼굴이 붉어져 '불안하고 한심한 모습을 보이기' 때문에 관심을 받는 상황을 두려워했지만, 이를 숨기려 애쓰지 않고 '붉어지면, 붉어지게 둬야지'라며 있는 그대로를 받아들이기로 했다. 회의에서 말하거나 워크숍에서 질문하는 등 관심이 집중되는 상황에 자신을 두기 시작했다. 다른 사람이 보아도 확실히 얼굴이 붉어지긴 했지만, 고객은 '수용을 통한 통제력' 전략을 내면화하면서 얼굴이 붉어지는 일의 빈도, 강도, 지속 시간이 급격히 감소함을 발견했다.

4. **'아직 유능하다고 느끼지 못하기 때문에 전과 다르게 행동할 수 없다'**

일반적으로 유능함은 단번에 달성할 수 없다. 시행착

오는 정상적인 과정이므로, 부적절하게 행동할 수 있음을 예상해야 한다. 무엇을 잘못했는지 의식하고 실수를 바로잡고 끈질기게 새로운 행동이나 기술을 실천하면서, 결국은 능숙하게 행동하는 법을 배운다. 이 같은 학습 과정('어떻게 하면 즉각적으로 유능해질 수 있을까?')을 피할 가능성은 거의 없다. 이 비현실적인 질문에 답을 찾으려고 시간을 낭비하지 말고, 부적절한 행동을 유능한 행동으로 변화시키는 방법을 배우는 데 시간을 써야 한다.

5. '자신감이 없어서 익숙하지 않은 새로운 행동을 할 수가 없다'

새롭고 낯선 방식으로 행동할 때 자신 없는 느낌은 지극히 당연하다. 때때로 '이건 내가 아니다!'라고 할 수 있다. 불협화음 상태, 즉 예전 사고방식과 새로운 사고방식, 감정, 행동 방식 사이의 갈등이나 부조화로 인해 일부 고객은 다시 익숙한 편안함을 느끼려고 코칭을 그만두고 변화를 원했던 몇 주, 몇 달 전의 삶으로 되돌아간다. 불협화음 상태를 받아들이고 지나갈 때까지 지속하면 새로운 습관이 몸에 배고, 이전의 오래된 습관은 낯설어진다. 호크Hauck(1982)는 불협화음 상태를 새 신발을 신는 일에 비유한다.

6. **'용기가 없어서 건설적인 행동, 특히 위험한 행동을 할 수 없다'**

   인생에서 원하는 바를 추구할 때, 실패와 거절 가능성을 포함한 약간의 위험을 수반한다. 용기란 두려움에 굴복하지 않고 두려워하는 일을 하는 것을 의미한다. 예를 들어, 사업을 시작하거나 공개적인 자리에서 이야기하거나 데이트를 신청하는 일이다. 두려움에 맞서는 용기는, 용기가 기적적으로 생기길 기다리지 않고 행동하는 데에서 비롯된다. 그러면 시작할 수 있다. '용기를 내라', '대담하게 행동하라'와 같은 익숙한 표현은 지체하지 말고 시작하기를 촉구한다. 용기가 생기기를 오래 기다릴수록, '나는 이런 모험을 할 용기가 없다'라고 스스로 확신하고 인생에서 차선책에 만족할 가능성이 커진다.

위의 여섯 가지 신념을 연결하는 공통 주제가 있다. 먼저 바람직한 조건이 존재해야 건설적인 행동을 할 수 있다는 것으로, 이는 순서가 뒤바뀐 사고방식이다. 편안한 상태에서 확신과 통제력을 갖고 능숙하고 자신감 있고 용감하게 행동하고 싶다면, 우선 불확실하고 불편하고 통제력과 자신감도 없고 무능하게 행동해야 한다. 변화의 역설을 받아들이면 목표 달성을 향해 가는 길에 장애물 하나가 줄어든다.

20

변화에 대한 심리적 방해 다루기

서론에서 인지행동 코칭의 두 가지 주요 요소는 목표 성취와 심리적 방해 대처라고 이야기했다. 방해들이 목표 성취를 방해할 때, 심리적인 문제 해결 모델인 A3CDE 모델을 알려준다(Ellis & MacLaen, 1998).

    A = 활성화된 사건 또는 역경 activating event or adversity

    B = A에 대한 신념 beliefs about A

    C = 이런 신념을 고수할 때 정서와 행동의 결과 emotional and behavioural consequences of holding these beliefs

    D = 토론하기 전에 신념과 거리를 두어 객관성을 가

짐distancing oneself from these beliefs in order to gain objectivity before discussing them(이 모델은 유감스럽게도 코칭이나 치료 관계에 대립하는 긴장을 불어넣는 신념에 대한 논쟁이 필요하므로 '토론'이라는 용어를 선호함).

E = 효과적인 새로운 전망effective new outlook

치료사가 '코치로 성공할 수 있다고 확신해야 한다'(B)는 이유로 치료에 코칭을 추가하는 것(A)을 생각하면 불안하다고 했다(C). 고객의 신념은 아래에 기재된 내용에 따라 논의되었다(D)(유일한 논의점은 아님). 자기 신념이 목표 달성에 도움이 되는지 고객의 마음을 집중할 수 있게 질문은 하지 않았고, 그 뒤 고객의 대답에서 토론이 시작되었다([표 20.1] 참조).

20.1 당신의 신념은 경직되어 있는가, 융통성 있는가?

이것은 고정된 관점(신념의 포로)과 개인적, 직업적 성장에 대한 관점의 차이로, 경직된 사고는 성장을 제한하고 유연한 사고는 성장을 촉진한다. 치료사는 위험을 수용하고 결과에 열린 마음을 갖기보다는, 코칭에 과감히 뛰어들기 전에는 알 수 없는 부분을 알고 싶어 했다.

20.2 당신의 신념은 현실적인가, 비현실적인가?

상황에 대한 주관적인 관점이 사실과 일치하는가? 일어나기 전에 결과를 알고자 하는 치료사의 요구에 부응하기 위해 현실이 재구성되지는 않는다. 이 때문에 신념은 현실과 일치하지 않는다. 관점이 경험에 근거를 둔 현실과 멀어질수록 심리적 어려움이 지속할 가능성은 커진다.

20.3 당신의 믿음이 도움이 되는가, 도움이 되지 않는가?

여기서는 신념을 고수할 때 생기는 실제 결과를 살펴본다. 신념으로 인해 더 많은 이득이나 손해가 있는가? 치료사는 결과의 확실성을 알고자 할 때, 우려하는 실패 가능성에서 보호받는 이점이 있다고 했다. 주된 손해는 이 신념이 치료사로서의 경력 발전을 막았고, 특히 다른 치료사가 결과의 확실성 없이도 성공적으로 코칭을 실행할 때, 자신의 소심

함에 대한 좌절과 분노로 이어졌다. 치료사는 코치가 되고자 하는 욕구를 억누르는 대가를 이득으로 달리 표현했다.

20.4 자신의 신념을 다른 사람에게 가르쳐 줄 수 있는가?

만약 자신의 신념이 이치에 맞고 합리적이라고 생각한다면, 가족, 친구, 동료에게 가르칠 것인가? 대답은 거의 항상 '아니오'이다. 치료사는 자신의 신념을 다른 사람에게 가르쳐 주지 않겠다고 했다. 이 신념은 인생에서 뒷걸음질 치게 하고, 결과를 확신할 수 없으므로 중요한 일이나 모험을 두렵게 만들기 때문이다. 다른 사람에게 가르치지 않을 거라면, 왜 자신은 계속 신념을 유지하는가? 만약 어떤 사람이 '다른 사람에게 가르치겠다'라고 대답했다면, 이 신념을 내면화할 경우 다른 사람에게 어떤 영향을 미칠 것인가?

이런 논의를 통해 고객은 '위험을 감수하지 않고 후회하기보다는, 실패로 끝나더라도 위험을 감수하고 최선을 다해 코칭에 임하겠다'는 유연하고 목표 지향적인 신념(E)을 구축했다. 자기 한계적 신념을 검토하고 도움이 되는 대안을 개발하는 일은 신경가소성 측면에서 이득이 있다. 신경가소성은 행동과 경험에 비추어 신경 경로를 재정비하는 두뇌의 능력이다. '나는 바보 같아서 일이 잘 안 될 것임을 안다'와 같은 뻔한 부정적 자동사고를 대치하는 생각을 고려하는 작은 시도만으로도, 시간이 흐르면서 인지신경망에서 이 신념의 표현을 줄이고 힘을 약화하는 데 도움이 된다(Treadway, 2015: 95).

치료사의 첫 번째 행동 계획은 자격증 취득을 위한 코칭 코스 등록이었다. 또 매일 15분 동안 '성공할지 확신이 없다'는 불안감으로 마음을 가득 채웠다. 일주일 동안 이 홍수기법flooding technique(Leahy, 2017)을 쓰고 난 뒤, 불확실성에 대한 걱정에 질려버렸고 불안은 최소로 줄어들었다.

[표 20.1] 심리적 문제 해결을 위한 ABCDE 모델

A=활성화된 사건 activating event	치료에 코칭을 추가하는 것을 고려하고 있지만, 실패 가능성이 보임
B = 신념 beliefs	결정을 내리기 전에 코치로서 성공하리라는 확신이 있어야 함
C = 결과 consequences	불안. 코칭을 추가해 치료를 확장하는 결정을 미룸
D=논의(결과) discussion(outcome)	내 신념은, 내가 원하는 바를 밀고 나가는 선택권을 주지 않았기 때문에 경직되어 있다. 동료는 발전하고 있는데 나는 머물러 있다. 이 신념은 비현실적이다. 세상은 이런 식으로 돌아가지 않는다. 하루의 끝을 미리 알아야 한다면, 결코 아침에 일어나지 않을 것이다. 이 신념은 목표를 달성하는 데 절대 도움이 되지 않고, 다른 사람에게도 이런 말도 안 되는 신념을 알려주지 않을 것이다.
E = 효과적인 새로운 전망 effective new outlook	위험을 감수하지 않고 후회하기보다는, 실패로 끝나더라도 감수하겠다. 코칭 연습에 최선을 다해 전력하겠다.

21

실용적인 문제 해결 모델

인지행동 코칭CBC 초기에는 심리적 방해가 개입하지 않는 한, 목표를 위한 행동 계획의 개발에 초점을 둔다(20장 참조). 실용적인 문제 해결 모델은 다양하며, 여기서 다룰 모델은 ADAPT 모델이다(Neza et al., 2007).

로즈마리Rosemary의 의뢰인 중에는 계약을 협상할 때 자주 화를 내며 소리를 지르는 사람이 있다. 그의 감정이 폭발하면 로즈마리는 달래려고 노력했고, 비난에도 이의를 제기하지 않았다. 이의를 제기할 경우 의뢰인과의 사업을 잃을 수 있고, 의뢰인의 회사는 중요한 고객 가운데 하나였기 때문이었다. 로즈마리는 가끔 그의 행동에 어떤 식으로든 자신에게 책임이 있었는지, 그가 자신을 만나기 전까지는 침착했었는지, 자신의 태도가 그를 화나게 했는지 궁금했다. 그러나 코칭을 하러 오기 직전에는 '더는 안 된다'라고 결정했고 의뢰인과의 사업을 잃는다고 해도, 이제 '더는 나에게 책임이 있다는 생각을 용납하지 않겠다'라며 스스로 일어설 준비를 하고 있었다.

A = 태도attitude: 지금 이 문제를 다룰 마음의 준비가 되었고, 해결책을 찾는 일에 낙관적이다.

D = 문제 정의 및 현실적인 목표 설정defining the problem and setting a realistic goal: 내가 항의하지 않아서 의뢰인이 소리치는 문제가 생겼다. 그는 쉽게 발끈하고, 자주 그래왔으므로 이를 멈추게 하는 일은 어려워 보인다. 내 목표는 소리 지르지 않고 서로 의견을 주고받으며 전문가다운 방식으로 회의를 진행하는 것이다.

A = 대체 솔루션 개발generating alternative solutions: 그렇다면 어떤 방법으로 목표 달성을 시도할 수 있을까? [리스트 작성]

1. 의뢰인에게 화내는 것을 더는 용납하지 않으며, 화를 내면 회의 중단time-outs을 요청하겠다고 이야기한다.

2. 왜 화를 내는지 알아본다.
3. 의뢰인에게 내가 왜 회의에서 소극적이었는지 설명하고, 새로운 접근법을 이해하고 동의해주기를 바란다.
4. 전화나 이메일로 다음 회의를 진행하기 위한 조건을 알려준다.
5. 화를 다스릴 때까지 계약 협상을 중단한다.

P = 결과 예측 및 솔루션 계획 개발predicting the consequences and developing a solution plan: 목표 달성에 도움이 되는 각각의 대체 솔루션 결과는 무엇이며, 선택한 솔루션을 실행할 수 있는가? 먼저, 솔루션의 가능성을 평가한다. [0~10의 유용성 척도를 사용, 0은 가장 유용하지 않고, 10이 가장 유용함]

1. 좋은 생각이다. 마치 스스로 자제할 시간이 필요한 버릇없는 아이에게 하듯 타임아웃을 제안하면 의뢰인이 당황하길 바란다. (7점)
2. 이렇게 하면 우리가 무엇을 의논해야 하는지 밝힐 수는 있겠지만, 분명한 점은 난 그의 치료사가 아니

라는 점이다. (7점)

3. 이렇게 되면 나는 다시 종속된 위치로 돌아가므로 의뢰인의 허락을 구하지 않겠다. 말도 안 되는 일이다! (0점)
4. 의뢰인에게 연락해서 앞으로 진행될 회의의 새로운 조건을 알려주고, 지렁이도 밟으면 꿈틀한다는 것을 알려 주겠다. (8점)
5. 타임아웃이 통하지 않으면 이 방법을 선택하겠다. (6점)

1, 2, 4번을 시험해 보고 하나의 해결책으로 조합하겠다. 내가 수행할 수 있으리라 믿으며, 수행을 방해하는 어떤 장애물도 없다. 솔직히 의뢰인과의 다음 만남이 기대된다.

T = 효과 확인을 위한 솔루션 시도 trying out the solution to see if it works: 의뢰인에게 전화를 걸어 화를 내면 어떻게 할지 이야기했다.

그는 언짢아하면서, 내가 회의에서 입장을 분명히 하

지 않았다고 했다. 어떤 부분이 명확하지 않았는지 화내지 않고 말한다면, 바로잡기 위해 최선을 다하겠다고 말했다. 회의에서 의뢰인이 의견을 얘기하면서 툴툴거리고 퉁명스러워지기 시작할 때, 자제력을 되찾고 좀 더 전문가다운 태도로 행동하도록 짧은 휴식을 제안했다. 그는 휴식을 원하지 않았고, 질책과 무뚝뚝함은 금방 사라졌다. 더는 기분을 맞춰주지 않고 통제만 하는 것에 당황해했다. 어쨌든, 의뢰인은 자신이 분노한 것을 사과하지 않았지만, 결국 계약은 성사되었다. 나는 나 자신에게 도움이 되는 좋은 변화를 이뤘기 때문에 계약을 성사하지 못했더라도 속상해하지 않았을 것이다. 결국 세 가지 계약을 따냈다. 의뢰인의 행동에 대해 자책하지 않는 나와의 계약을 다시 썼고, 회의에서 의뢰인의 행동에 대한 계약을 성공적으로 재협상했으며, 사업 계약을 따냈다. 이 정도면 괜찮다.

처음 시도한 해결책이 효과가 없을 경우, 고객은 목록에 있는 다른 해결책을 같이 시도해보거나, 친구나 동료들이 알려준 내용을 포함해 새로운 해결책을 생각한다. 어떤 잠재적 해결책이라도 성공하지 못했다고 단언하기 전에 충분히 시도(단 한 번의 시도만이 아님) 하는 것이 중요하다. 로즈마리는 타임아웃이 의뢰인을 진정시키는 데 처음에는 효과가 없었더라도, 계약 협상을 중단하는 더 심각한 조치를 고려하기 전에 몇 번 더 시도했을 것이라고 했다.

만약 어떤 고객이 코칭이 느리게 진행되어 심리적으로 동요한다면, 괴로움을 유발하는 신념을 정확히 파악하고 다루기 위해 20장에 있는 ABCDE 모델로 돌아가야 한다. 예를 들어, '어떤 방법도 효과가 없다. 해결책을 찾으려고 이렇게 발버둥 칠 필요가 없다! 교과서에서 문제 해결은 항상 쉽고 간단해 보인다'. 만일 '아무것도 효과가 없다'는 말이 사실이라면, 어쩔 수 없다. 반대로 마음을 열고 어떤 해결책이 효과가 있는지 알아내려고 노력한다면, 보통은 어떤 방법이라도 효과는 있다.

소크라테스식 질문

소크라테스식 질문은 인지행동 치료의 초석이라고 불려 왔다(CBT; Padesky & Greenberger, 1995). 그리스 철학자 소크라테스가 '이미 암묵적으로 알려진 것을 스스럼없이 개방하거나, 상대방 입장의 모순과 혼란을 드러내기 위한 질문으로 진실을 밝히려 했다'는 데서 유래한다(Blackburn, 2016: 133). 인지행동 치료에서 소크라테스식 질문은, 치료사가 고객을 문제 사고에서 한 걸음 물러나도록 유도하여, 문제 사고를 정확성과 유용성 측면에서 객관적으로 검토하도록 유도하는 방법이다(유도를 통한 발견의 또 다른 방법은 행동 실험이다, 23장 참조). 이런 고찰은 고객이 문제 해결과 목표를 달성하는 데 도움이 되는 태도와 행동을 개발하도록 돕는다. 소크라테스식 질문을 통해 고객은, 질문하는 사람에게 무엇이 되어야 하는지 듣기보다는 스스로 자신의 결론에 도달한다. 고객에게 답을 말하면 아래와 같은 역효과가 생긴다.

- 고객은 그 답이 도움이 되지 않는다고 생각하고, 일부 고객은 코치에게 이런 생각을 말하기를 꺼린다.
- 고객은 특정 문제에 맞춘 답변이 아닌, 일반적인 답변으로 간주한다.
- 코치가 자신의 권위를 내세우거나 '지혜'를 과시할 때, 고객은 생각을 강요받고 있으며, 코치가 고객에게 배울 것이 없다는 신호를 보낸다고 생각한다.
- 협동적 경험주의, 즉 문제 해결을 위한 공동 연구자의 정신과 실행을 약화한다(10장 참조). 레들리Ledley 외 연구진(2010: 86)은 고객의 생각, 감정, 행동을 권위적으로 해석하기보다는 '소크라테스식 질문 기술을 사용할 때 협동적 경험주의의 입장이 가장 잘 드러난다'고 말한다.

- 고객은 코치가 다음 문제를 해결하는 방법을 알려주길 기다리면서, 정신적 나태함을 부추긴다.
- 고객의 셀프 코칭, 즉 독립적인 문제 해결자로 발전하는 능력을 약화한다.

보통 '두뇌의 긴장을 풀도록' 격려받으면서, 코치의 지시에 따라 스스로 생각하면 새로운 아이디어에 대한 소유 의식이 커진다(Dryden & Neenan, 2015). 다음 대화에서 코치는 답을 제시하고 싶은 충동을 참고 있다.

고객: 이 문제를 어떻게 해야 할지 모르겠습니다. 무슨 좋은 방법이 있을까요?

코치: 문제를 다시 한번 이야기해주세요.

고객: 그 팀원은 나와 다른 사람들이 도움을 청할 때 최고의 정보를 알려줍니다. 그렇지만 마치 내가 지적 열등생이고 혼자서는 일도 못 하고, 자신의 일을 방해하는 듯이 너무 거만하고 무시하는 태도입니다. 그 팀원을 인정하긴 하지만 좋아하지는 않아요.

코치: 도움을 청할 때 최고의 정보를 알려주는데 무엇이 문제입니까?

고객: 흠, 그 정보를 알려주는 방식입니다. 상대방이 바보인 것처럼 느끼게 하죠.

코치: 도움을 구하는 게 바보 같다고 생각하십니까?

고객: 그렇게 생각하진 않아요. 그 사람은 좀처럼 다른 사람들에게 도움을 청하지 않습니다.

코치: 당신이 더 자주 도움을 요청하는데, 그 팀원은 요청하는 일이 거의 없음을 비교하나요?

고객: 음. [곰곰이 생각함] 그 사람에게 물어보는 일을 스스로 좀 멍청하다고 생각하나 봅니다. 전에는 그렇게 생각해 본 적이 없었는데 말이죠.

코치: 그렇다면, 그 팀원이 당신을 바보처럼 느끼게 한다기보다, 도움을 요청하기 전에 당신 마음속에 그런 생각이 있는 건가요?

고객: 이미 내 마음속에 있었네요. 아니었으면 좋겠는데 말이죠.

코치: 왜 자신을 '그 사람에게 물어본 바보'라고 생각하는지 아십니까?

고객: 지금은 모르겠어요, 뜻밖이라서요. 다음 세션까지 잘 생각해 보겠습니다. 그래도 여전히 그 팀원의 태도는 마음에 안 들어요! 그 사람한테 이렇게 말해도 전혀 신경 쓰지 않겠지만요.

코치: 그 팀원과의 상호작용에서 가장 중요한 요소는 뭐죠?

고객: 음, 말했듯이 최고의 정보를 알려주는 것이죠.

코치: 그것만으로는 충분하지 않나요?

고객: 상냥할 수도 있지 않나요?

코치: 그 사람이 기분 좋은 태도를 보일 때까지 도움을 요청하지 않을 예정인가요?

고객: 아니요, 그건 말도 안 됩니다. 나는 중요한 정보를 원합니다. 정보가 가장 중요해요. 태도는 그냥 참겠습니다. 그런데 내가 부탁했을 때 당신은 어떤 제안도 하지 않았어요. 이유가 무엇입니까?

코치: 질문을 통해, 문제에 대한 당신의 생각을 자극하고 싶었습니다.

고객: 흠, 확실히 자극되었습니다. 왜 도움을 청하는 일과 바보 같음을 연관 짓는지 궁금하네요.

코치: 다음 세션에서 이 부분에 대해 생각해서 오실 거죠? 그렇죠? [고객이 고개를 끄덕임]

소크라테스식 질문 외에 아래와 같은 질문도 유용하다.

- 고객의 답변에 초점을 맞추는 폐쇄형 질문을 하고(예:

20장에서 토론을 시작하면서 '당신의 신념은 경직되어 있는가, 유연한가?'라는 질문) 소크라테스식 질문을 사용하여 답을 찾는다(예: '계획이 제대로 이루어지지 않을 때 당신의 신념이 다른 선택권을 주지 않는다면, 어떻게 그 신념이 경직되지 않고, 융통성 있다고 할 수 있는가?')

- 고객이 한 말을 확인하라(예: '내가 제대로 들은 게 맞는다면, 문제는 매니저가 당신에게 사과하기를 거부한 거죠?').
- 고객 진술의 명확화(예: '그 사람이 정확히 무엇을 했기에 당신은 화가 났습니까?')
- 평가 정보 수집을 위한 직접적인 질문(예: '지난 두 달 동안 몇 번이나 회의에 늦었습니까?')
- 고객의 가설을 확인하기 위한 유도 질문(예: '다른 사람에게 자신의 초조함을 인정하면 나약한 존재로 비칠까 봐 걱정하는 것처럼 들립니다. 맞습니까?')

스테니어Stanier(2016)는 세계 최고의 코칭 질문은 '그리고 또 어떤 것이 있을까요And What Else?'라는 AWE 질문이라고 말한다. 이 질문은 한 가지 대안보다 더 많은 선택권을 생각하게 해서 더 나은 결정을 끌어낸다. 코치가 무의식적으로 조언을 하려고 끼어들지 않게 함으로써 자제력을 발휘하게 한다. 그리고 코치가 다음 대화를 어떻게 끌어가야 할지 확실하지 않을 경우, AWE 질문을 하면서 생각할 시간을 갖는다. 코치는 분명히 '그리고 또 어떤 것이 있을까요?'라는 질문만 계속 되풀이하고 싶어 하지 않는다. 그래서 '대화에서 에너지가 사라지고 있음을 느낀다면, 이제 이 관점에서 벗어나야 할 때임을 알게 된다. 그리고 "또 어떤 것이 있을까?"의 변형은 "또 다른 것은 없는가?"이다'(Stanier, 2016: 63).

수년간 코치들을 수퍼비전하면서, 얼마나 많은 코치가 고객이 질문에 침묵할 때, 마치 그 침묵이 코치의 무능함이나, 진전이 없거나, 고객이 불필요한 정신적 투쟁 중임을 의미하는 것처럼 불편해하는지 알 수 있었다. 코치는 이 불편함에 대처하려고 '그 질문에 대한 답은 어떻게 되어 가고 있나요?' 같은 말로 침묵을 빨리 끝내거나, 고객에게 자신의 답을 제시할 수도 있다.

세션에서 침묵을 없애려는 노력은 근본적인 실수다. '침묵을 채우고, 어색한 상황의 불편함에서 고객을 끄집어내려고 이야기를 시작하면 실수할 수 있다. 고객의 사고 과정을 방해하고 소크라테스식 질문의 목적을 방해하기 때문이다'(DiGiuseppe, 1991: 184). 또 코치는 더 많은 질문을 해서 침묵을 끝내려 하고, 이 때문에 고객을 설득해서 '당신의 진짜 걱정은 회의에서 당신의 아이디어가 받아들여지지 않는 것입니까, 아니면 빌Bill이 대립을 일삼는 사람이기 때문에 당신의 아이디어를 비방한 것인가요?'라는 질문에 대답하게 할 수도 있다. 이 전략은 새로운 질문들이 이전에 했던 질문의 목적을 훼손하고, 고객은 여러 가지 질문에 대한 생각으로 가득 차기 때문에 소크라테스식 과정을 방해한다.

또 고객은 코치의 질문으로 촉발된 인지 부조화(즉, 개인의 신념이 서로 모순되거나, 행동과 모순될 때 발생하는 심리적 긴장감)를 경험한다. '이 문제를 해결하기 위해서 무슨 일이든 하겠다고 하지만, 합의한 목표와 관련된 과제를 수행하지 않고 있습니다. 무엇이 목적한 바와 행동이 함께 가는 것을 막고 있습니까?'라는 질문이다. '머리로는 변화를 원하지만, 마음에는 확신이 없다'와 같이 고객이 질문에 답하려고 고심할 때 변화에 대한 장애물이 드러나고, 이 의구심을 살펴봐야 한다. 이런 심리적인 투쟁을 성급하게 결론지으려 하면 '모르겠다'는 대답으로 결과가 나온다.

가끔 생각할 시간은 충분했지만, 여러 가지가 뒤섞인 대답을 한다. '모르겠습니다', 최소한의 통제나 결정 요인이 무엇인지 명시하지 않은 '상황에 따라 다릅니다', '네, 그런 것 같네요'와 같은 무미건조한 반응들, 또는 겉보기에는 긍정적이지만 사실은 무의미한 의도인 '계속 그렇게 하면 되는 거죠?' 같은 대답이다. 이런 상황에서 코치는 고객에게 어떤 과정을 거쳐서 대답했는지 물어본다(이 상황에 대해 코치는 고객의 정신적인 노력이 부족해서 질문을 생각하는 데 많은 시간을 들이지 않았다고 추측한다).

    고객: 답이 없어요. 무슨 말이 더 필요합니까?
    코치: 답이 바로 마음속에 떠오르지 않았다는 뜻인가요, 아니면 몇 분 동안 답을 찾아본 다음인가요?
    고객: 글쎄요, 바로 떠오르지 않아 포기했습니다.
    코치: 왜 그렇게 빨리 포기하는지 알고 계십니까?

고객: 모르겠습니다.

코치: 지금 또 빨리 포기한 건가요?

고객: 그런 것 같습니다.

코치: 남은 세션 동안 서로 질문을 하면 어떻게 질문을 다루고 있는지 입 밖으로 이야기하고, 우리 둘 다 누구도 '모르겠다'고 말하지 않으면서, 해답 찾는 걸 방해하는 것이 무엇인지 말하는 건 어떨까요?

고객: 좋아요, 한 번 해보겠습니다.

물론 고객의 비생산적인 답변은 코치의 장황하고 복잡하며 불분명한 질문의 결과일 수 있다. '왜?'라는 질문을 너무 많이 하거나, 질문에 대답할 지식이 없어서일 수도 있다. 예를 들어 다음과 같다.

코치: 당신의 핵심 가치는 무엇입니까?

고객: 모르겠습니다. 핵심 가치가 무슨 뜻인지 잘 모르겠어요. [코치는 '핵심 가치가 무엇인지 아십니까?'라고 물을 수 있다.]

그러나 앞에서 말했듯이 만약 고객이 소크라테스식 질

문의 문제 해결 방법에 대해 명확하고 직접적인 설명을 요구한다면, 코치는 소크라테스 모드에 갇혀서는 안 된다. '당신에게 좋은 아이디어가 있는 걸 알고 있는데, 왜 문제에 대한 답을 찾으려고 머리를 쥐어짜야 하죠? 몇 가지 알려주면 그에 대한 내 생각을 말하겠습니다'라는 말처럼 고객은 소크라테스식 질문이 피곤하고, 짜증 나며 비생산적이라고 생각해서 물어본 것이기 때문이다. 만약 고객이 어떤 아이디어를 마음에 들어 한다면, 그 아이디어의 소유권을 가질 것인지 물어봐야 한다. 다음 세션에서 고객이 '당신의 아이디어는 효과가 없었습니다!'라고 말할 때를 대비해서 취해야 할 중요한 조치다. 고객에게 아이디어의 소유권을 상기시키고 '당신이 제안한 아이디어가 어떻게 효과가 없었습니까?'라고 날카롭게 질문한다(adapted from Hauck, 1980).

23

행동 실험

행동 실험behavioural experiments은 행동 과제를 통해 고객의 생각과 신념의 타당성을 테스트하는 인지 목적에 도움을 준다. 테스트에서 수집한 정보는 도움이 되는 새로운 신념을 개발하고, 기존의 도움이 되지 않는 신념을 약화/감소시키도록 돕는다. 변화를 이루기 위해 이성을 이용해 고질적 사고인 자기 패배적 성격을 탐구하고 드러내는 일은 객관적으로는 설득력이 있다. 그렇지만 이런 생각은 더 깊은 정서적 수준에서 실제로 사실이라고 확신한다. 어려움이 발생한 상황에서 이런 생각을 테스트하고 해결하는 새로운 아이디어와 행동을 개발함으로써, 머리와 마음이 새로운 반응의 효과를 믿는 데 보조를 맞추도록 한다.

자신을 '완벽주의자'라고 표현한 고객이 있다. 워크숍에서 발표하는 일같이 자신의 신뢰에 성패가 달렸다고 믿는 상황에서 실수를 저지를까 두려워했다. 고객은 '일을 완벽하게 해내지 않으면, 사람들은 나를 쓸모없고 주제도 모르는 사람으로 생각할 테고, 내 업무는 줄어들 거다'라고 했다. 논리적으로 이 전제가 사실이라면 워크숍을 완벽하게 운영하지 못할 경우 우려한 결과는 반드시 사실이 되어야 하고, 고객에게 더는 업무가 주어지지 않아야 함을 의미한다(고객의 전제에서 추론의 오류가 드러나고, 따라서 이에 따른 결론은 사실로 간주할 수 없다). 그러나 완벽주의적인 기준에 도달하기 위해 끊임없이 애쓰는 노력은 고객을 '지치게' 했고, '완벽주의적인 기준의 횡포'를 깨뜨릴 준비가 되어 있었다. 고객은 행동 실험의 논리적 근거를 이해하고 받아들였다. 고객은 무엇을 할 준비가 되었을까?

> 고객: 가장 큰 두려움은 질문에 '모른다'고 답하는 일입니다. 일부러 그렇게 말하고, 무슨 일이 일어나는지 보려고 합니다.

코치: 그게 가장 큰 두려움이라면, 너무 빠르게 행동하는 거 아닌가요?

고객: 아니요, 해보고 싶습니다.

코치: 알겠습니다. 우리는 그 두려움을 테스트하는 방법을 만들어야 합니다. 예를 들면, 청중의 질문에 '모른다'라고 말하면, 그러면요…?

고객: 그러면 끔찍하겠죠.

코치: 그 '끔찍함'이 무엇을 의미하는지 구체적으로 이야기해 봅시다.

고객: 평가에서 전에는 받아본 적 없었던 2, 3점을 받고, 회사는 나에게 더는 워크숍을 맡기지 않겠죠.

코치: 그러면 테스트해 볼 신념은 '모른다'고 말하면, 평가에서 대부분 2, 3점을 받고, 회사는 더는 '워크숍을 맡기지 않는다'입니다.

고객: 맞습니다. [곰곰이 생각함] 논리적으로는, 질문에 답하지 못하더라도 부족한 사람이 되거나, 두려워하는 결과가 생기지 않을 것을 알고 있습니다. [머리를 두드림] 하지만 이미 이 문제를 이야기만 해도 걱정되기 때문에, 여기 [가슴을 가리킴] 내 자신을 이해시키기가 쉽지 않아요. 이 테스트는 이런 두려움에 근거가 없음을 보여주려고 하는 건가요?

코치: 테스트를 실행하기 전에 답을 안다면, 그건 테스트가 아니죠.

고객: [웃음] 물론입니다!

코치: 마지막으로, 테스트를 실행하지 않는다면 어떻게 하겠습니까?

고객: 자신을 실패자로 보겠죠?

코치: 그건 도움이 되지 않을 겁니다. 테스트는 논의에 필요한 더 많은 정보를 수집한다는 목적으로 열린 마음을 갖고 수행해야 합니다. 얼마나 잘 수행했는지 또는 제대로 수행하지 않았는지 판단하려고 하는 일은 아닙니다.

고객: 요점을 알겠습니다. 만약 테스트를 실행하지 않는다면, 다음 세션에서 논의할 수 있도록, 무엇이 나를 멈추게 했는지 적어두겠습니다.

코치: 좋습니다.

실험을 수행할 때 고객은 성공과 실패에 집착하지 않고 어떤 결과라도 이를 통해 배우는 자체에 관심을 두는 것이 가장 중요하다. 미리 정해진 방식으로 실험을 진행해야 한다면 이는 위의 대화에서 주목한 실험이 아니다. 예컨대,

실험에서 얻은 정보는 문제의 새로운 측면을 드러낼 수 있고 사례개념화를 개선하는 데 도움을 준다(13장 참조). 또는 고객이 '잘 진행됐다'는 결과를 행동 계획에 활용해서 빠르게 발전하기 원할 수 있다.

워크숍에서 '모른다'고 했을 때 듣고 있던 사람들에게서 오는 여파는 없었고 하늘이 무너지지도 않았다. 평가는 이전과 거의 차이가 없었으며, 워크숍 발표 제의를 추가로 받았다. 이 실험의 성공이 우연이 아님을 증명하기 위해서, 아래와 같이 '결함'을 드러내는 더 많은 테스트를 진행했다.

- '만약 청중이 물을 마시는 동안 내 손이 떨리는 장면을 본다면, 내가 긴장했다고 생각하고, 나를 얕볼 것이다.'
- '한두 단어를 잘못 쓰면, 나를 멍청하다고 생각하고, 내 말을 믿지 않을 것이다.'
- '잉크가 나오는 펜을 찾으려고 여러 개 펜을 써본다면, 내가 일을 잘 처리하지 못하고, 준비가 안 됐다고 생각할 것이다.'

- '워크숍 발표에서 가끔 긴장한다고 하면, 발표자로는 부적절하다고 알려질 것이다.'

평가에서도 고객이 두려워한 결과는 현실기 되지 않았다. 점수는 여전히 높았고 워크숍은 계속 이어졌다. 고객은 이 실험을 통해 무엇을 배웠을까?

> 고객: 내 성격의 모든 약점이나 실수를 없애는 일은 불가능합니다. 물론, 전에 워크숍에서 한 실수가 눈에 띄지 않기를 바랐고, 이 일이 두려움을 지속시켰습니다. 테스트에서 불완전함 때문에 향후 업무에서 배제되는지 확인하려고, 의도적으로 완벽하지 않은 모습을 보여줬죠. 사람들이 실수에 얼마나 비판적이고 용서하지 않을지 너무 과대평가했습니다. 실수에 가장 비판적이고 용서할 수 없는 사람은 나였죠. 지금은 그 어느 때보다도 여유로워졌어요. 횡설수설하거나 '모르겠다'라고 말하면, 어쩔 수 없다고 생각합니다. 난 내 분야에서 전문가지만, 매우 박식하다는 사전적 정의상, 완전한 지식을 가지려고 끊임없이 노력해서 쓸모없는 사람으로 들키지 않으려고 노력하는 완벽주의자를 의

미하지는 않습니다.

행동 실험을 오래된 가정의 타당성을 테스트하는 것으로 시작할 필요는 없다. 무니Mooney와 패디스키Padesky(2000)는 새로운 가정을 구성하는 데 초점을 맞출 때의 다양한 장점을 다음과 같이 제시한다.

1. 더 빨리 변화한다.
2. 협력하는 과정은 수정주의라기보다는 창조적이다. 즉 낡은 사고의 함정을 수정하지 않고 새로운 가능성을 창조한다.
3. 고객의 의욕과 관심이 높아진다.
4. 오래된 행동 양식에 초점을 맞춰 제한된 관점을 보여주는 대신, 폭넓은 가능성을 보여주면 더 많은 변화가 일어난다.

그렇지만 코치는 고객이 수정주의자가 아니고 창의적이기를 원한다고 전제하지 말고, 고객과 행동 실험을 이용하는 다양한 방법을 논의해야 한다. 예를 들면, 앞의 대화에서 고객의 '모르겠다'라는 말에 담긴 새로운 가정을 바로 테스트한다. "내가 만약 '모르겠다'고 말한다면, 이는 완벽주의적 사고방식을 느슨하게 하는 첫걸음이 될 수 있고, 반대로 이런 수용이 평가나 향후 업무 제의에 부정적 영향을 끼칠까 매우 의심스럽다." 고객은 새롭고 희망적인 가정보다는 공포로 가득 찬 오래된 가정을 테스트하고 싶었지만, 새로운 가정을 테스트하는 방법을 선택해서 결국 자신의 능력에 대해 균형 있고 현실적인 평가를 개발했다.

행동 실험을 수행하는 또 다른 방법은 '모르겠다'는 믿음의 신구 버전을 동시에 테스트하여 어떤 버전의 예측이 더 정확한지 밝히는 방법이다. 고객은 관찰을 바탕으로 한 다른 실험(동료의 워크숍에 참관해서 동료가 어려운 질문을 어떻게 처리하고, 걸림돌을 어떻게 대처하는지 관찰)을 했고, 동료들이 자신과 비슷한 완벽주의 기준에 따라 움직이는지 살펴보았다.

> 고객: 동료들은 워크숍에서 발표하는 주제에 대해 100% 다 알 수 없고, 성공적인 경력을 쌓거나 회사 업무를 완벽하게 하려고 노력할 필요가 없다고 했습니다. 나도

이런 관점으로 돌아가려고 합니다.

고객이 테스트해볼 명확한 '만약 … 한다면'의 가정이 없다면, '이렇게 행동하면, 어떻게 되는지 보자'는 원칙을 가지고 행동을 발견하는 테스트를 수행한다(Kennerley et al., 2017). 예를 들어, 평소에는 회의에서 다른 사람이 먼저 말할 때까지 기다리지만, 먼저 의견을 제시해본다. 다음과 같이 세션이 진행되는 중에 기회가 생긴다면 테스트해볼 수 있다.

> 코치: 몇 년 동안 보지 못한 친구에게 연락을 계속 미루고 있군요.
> 고객: 네. 친구가 나를 보고 싶어 하지 않을까 불안한 마음도 있고, 다시 연락하는 게 바보 같을 것 같네요.
> 코치: 그 외 다른 결과가 있을까요?
> 고객: 글쎄요, 날 보고 싶어 할지도 모르겠습니다.
> 코치: 어떤 예측이 더 정확한지 확인하는 방법이 있을까요?
> 고객: 친구에게 연락해보면 분명해지겠죠.
> 코치: 지금 당장 전화하고 싶으신가요?
> 고객: 네, 조금 긴장되네요. 심호흡하고 …. 해보겠습니다.

[가방에서 핸드폰을 꺼냄]

고객은 친구와 만나 커피를 마시기로 했고, 관계는 다시 시작되었다.

행동 실험을 할 때 양식을 활용해서 고객을 지도한다([표 23.1] 참조). 버틀러Butler 외 연구진(2008: 1C9)은 행동 실험은 사람의 전인적인 부분을 개입시키므로, 코치는 '인지적 변화뿐만 아니라, 시스템 전반에 걸친 인지적, 정서적, 신체적, 행동적 변화를 찾는 일이 중요하다.' 코치로서 경험에 따르면, 일단 고객이 행동 실험의 근거를 이해하면, 수정주의자가 아닌 창의적인 방식을 따르는 새로운 신념을 갖고 바로(첫 번째 세션부터) 실험을 수행한다. 실험 결과를 바탕으로 더 빠른 발전을 기대하며, 대개 그렇게 된다.

[표 23.1] 행동 실험 기록

상황	예측: 무슨 일이 일어나리라 생각하는가?	새로운 신념을 기반으로 한 실험	결과: 무슨 일이 일어났는가? 무엇을 배웠나?
동료가 자꾸 일을 방해함. 내버려 두고 있지만, 계속 그렇게 두고 싶지는 않다.	동료에게 내 일을 너무 자주 방해한다고 말하면 화를 내고 결국 분위기가 나빠질 것이다. 이런 상황을 견디기 어려워서, 아마도 평소처럼 마지못해 동료를 받아줄 것이다.	논의할 일이 있을 때, 동료가 원하는 시간이 아니라 내가 가능한 시간을 이야기하겠다. 내 태도가 달라져서 분위기가 나빠져도 굴하지 않고 대처하는 법을 배우겠다.	동료는 화를 내며 자리를 박차고 나갔고, 분위기는 나빠졌다. 내가 굴하지 않은 것 외에 모든 예측은 사실이 되었다. 내 입장을 고수하고, 좋지 않은 분위기를 견디면서 동료에게 같은 메시지를 이야기하는 법을 배웠다. 동료의 방해는 많이 줄었고, 일에 더 집중하게 되었다.

24

깊은 신념 다루기

가끔 고객은 실제 일어난 일에 부적절한 정서 반응을 보인다. 고객 자넷Janet은 좋은 평가를 받는 프로젝트 매니저였다. 자넷은 회의에서 아이디어를 냈고, 동료는 '충분히 고려한 아이디어는 아니다'라고 언급했다. 자넷은 '나를 모욕하고, 비하했다'고 느끼며 화가 났지만 표현하지는 않았다. 그날 저녁 몇 시간 동안 동료의 지적을 곰곰이 생각했고, 자기 주장의 약점을 찾아내려고 노트한 내용을 훑어보다가 몇 시간밖에 자지 못했다. 코칭 세션에서 자넷은 '회의에서 모든 사람의 아이디어를 검토하는데 나는 왜 담담하게 받아들이지 않았을까요?'라며 과민하게 반응했음에 동의했다. 보통 이런 과민 반응은 활성화된 깊은 신념의 존재를 암시한다.

깊은 신념은 하향식 화살 기법Downward Arrow Technique을 사용해서 밝혀낸다(Burns, 1999). 자동적이고 감정을 자극하는 사고의 개인적 의미를 추적하면서(드릴다운drilling down), 격한 감정의 인지적 원천인 근본적 신념을 찾을 때까지 사고의 층이 드러나도록 한다. 찾아낸 각각의 생각은 근본 신념을 찾을 때까지는 일시적으로 사실인 것으로 가정한다. 자넷에게 이 기법의 원리를 설명했고, 진행하기로 했다. 자넷의 자동사고는 '동료는 나를 모욕하고 비하했다'였다.

> 코치: 동료가 당신을 모욕하고 비하했다는 말이 사실이라면, 당신에게 어떤 의미가 있나요?
>
> ↓
>
> 자넷: 동료는 내가 일을 모른다고 생각해요.
>
> ↓
>
> 코치: 만약 사실이라면, 왜 화가 나는 겁니까?
>
> ↓
>
> 자넷: 다른 사람들이 그 말이 맞을 수 있다는 의구심을 갖게

될지도 모르니깐요.

↓

코치: 만약 사실이라면, 당신에게 어떤 의미입니까?

↓

자넷 : [눈에 띄게 긴장하며, 눈시울이 촉촉허짐] 만약 사람들이 동료의 말에 동의한다면, 내 능력에 대한 동료들의 신뢰, 존경, 자신감을 잃게 됩니다.
[근본적인 가정인 '만약 … 그렇다면'이 드러남. 고객의 강렬한 감정적 반응은 이 가정이 신념일 수 있음을 나타내므로, 체크를 함]

↓

코치: 동료들이 당신을 어떻게 볼지, 이게 당신을 가장 화나게 하나요?

↓

쟈넷: 아니요, 그 이상입니다.

↓

코치: 동료들의 신뢰와 존경을 잃게 되면, 당신에게 어떤 의미인가요?

↓

자넷: 내가 잘하지 못한다는 거죠. 그런 말을 하다니 정말 화가 나요. [부정적인 핵심 신념이 드러남]

코치: 그게 당신에게 중요한 문제인가요?

↓

자넷: 네. 그렇습니다.
[하향식 화살 기법이 인지적 종착점을 찾아냄]

벡Beck(2011: 207; emphasis in original)은 '[사람]에게 생각이 무엇을 의미하는지 물으면 중간 신념[근본적인 가정]이 드러나고, [사람]에 관해 무슨 뜻인지 물으면 핵심적인 신념이 드러난다'라고 말한다.

하향식 화살기법을 실행할 때 피해야 할 함정은 다양하다.

- 반복된 질문('그것은 당신에게 어떤 의미입니까?' 또는 '왜 그것이 당신을 화나게 했습니까?')에 대한 고객의 답변에 이의를 제기하지 않는다. '그가 그렇게 생각하는지 어떻게 알죠?'와 같은 질문은 인지적 종착점을 찾는 화살을 막는다.
- 추가 질문을 하지 않는다. '그건 당신에게 어떤 의미인가요? 지금 자신에게 뭐라고 이야기하나요? 마음속

으로 무슨 생각을 하나요?'와 같은 질문은 문제를 해결하려고 집중한 고객의 자기 성찰적 초점을 흐트러뜨린다.

- 문제에 대한 코치의 해석을 덧붙이지 않는다. '만약 그 말이 사실이라면, 실패 가능성은 당신에게 어떤 의미인가요?'와 같은 질문을 예로 들 수 있다. 이 경우, 고객의 하향식 화살을 미리 정해진 인지적 목적지로 안내하고 고객은 보통, 그리고 당연하게 '당신이 지금 무슨 말을 하고 싶은지 알지만, 그건 내 생각이 아니다'라며 이 같은 접근방식을 거부한다.
- 고객에게 정서적 자극이 없다면, 초기 자동사고를 잘못 선택했고(정서적 흥분이 거의 없음), 아마도 근본적인 신념과 관련이 없을 것이다. 또는 코치가 아래와 같이 무심결에 질문을 자동적으로 되풀이하는 동안, 하향식 화살은 고객의 걱정과는 무관한 추측으로 바뀌면서 감정적 흥분은 희미해진다.

코치: 만약 당신이 스스로 일을 못 하는 사람이라고 믿는다면, 이는 당신에게 어떤 의미입니까?

↓

자넷: 어 … 그게 무슨 뜻이죠 …? 잘 모르겠습니다. 어쩌면 누구도 영원히 나를 고용하지 않을지도 모르죠. 이게 당신이 찾는 답인가요? 이미 일 못 하는 사람이라고 믿는다고 말했습니다. 무슨 말을 더해야 할지 모르겠네요.
[고객이 주저하거나 더듬거리며 대답할 때는 하향식 화살에서 벗어나, 질문에 대한 답을 찾느라 애쓰고 있음을 나타낸다. 자넷은 핵심 신념을 되풀이하는데, 이는 하향식 화살 기법을 멈출 때임을 의미한다.]

자넷은 '만약 다른 사람이 그 동료 의견에 동의하면, 내 능력에 대한 신뢰, 존경, 자신감을 잃을 것이다'라는 근원적 가정을 정말로 믿지는 않는다고 했다. '다시 한번 자신을 통제하려고 한다면, 어리석은 일이라는 걸 안다. 그렇지만 핵심 신념은 어린 시절부터 있었고, 이건 완전히 다른 문제다.' 자넷은 제약 없이 근본적인 개인 문제와 직업 문제를 다루는 장기적인 개발 코칭을 원했다. 자넷의 아버지는 항상 트집을 잡았고 자넷에게 '쓸모없다'고 말했다. 자넷은 '쓸모없다'가 '진실'이라고 내면화했고, 대학에 일

등으로 입학(실제로 이루었음)하려고 끈질기게 자신을 몰아붙였고, 성공적인 커리어를 쌓으면서(실제로 성공함) '모든 사람에게 내가 쓸모없다는 게 사실이 아님을 보여주겠다'는 투쟁으로 일생을 보냈다.

자넷의 기준은 불가능할 정도로 높았다. 감독 중인 모든 복잡한 프로젝트의 모든 측면을 한 번에 여러 개씩 알아야 했고, 결코 충족할 수 없는 기준으로 모르는 지식이 있음을 용납하지 않았다. 비평은 사실이든, 은연중이든, 예상했든, 상상했든, 어떤 비판이라도 자넷을 능력에 대한 의심으로 가득 채웠고 일에 집중하지 못하게 방해했으며, '나는 쓸모없다'는 믿음을 활성화했다. '절망의 소용돌이'가 얼마나 오래 지속하는지(예: 5, 10 또는 15분) 기록하면서, 일주일에 비생산적인 시간이 어느 정도인지 확인했다(핵심 신념의 진실을 확인할 수 있는 증거였다). 자넷은 늦게까지 사무실에 남아 '잃어버린 시간'을 보충했고, 집에서도 일하곤 했다. 부정적인 핵심 신념을 반증하려고 애쓰는 일에만 초점을 맞췄다. 그렇지만 비난을 받았을 때, 아무리 애써 노력해도 결코 '나는 쓸모없다'는 믿음이 거짓임을 증명할 수 없음을 다시 한번 확인했다.

코칭에서는 자넷이 자신에 대해 균형 있고 현실적인 대체 시각을 개발하는 데 초점을 맞췄다. 자넷은 '밝은 빛 프로젝트'라고 표현했다. 논의한 이슈는 다음과 같다.

- 자넷의 아버지는 자넷의 성격에 관해 뭐라 말할 수 있는 권위를 갖지 않았고, 딸에게 자신의 비참함을 털어놓는 불행한 남자였다. 자넷은 철학에 관심이 많았지만, 아이러니하게도 자신에 대한 아버지의 견해에는 '아무것도 믿지 말고, 모든 것에 의문을 제기하라'라는 철학자의 격언을 따르지 않았다.
- 업무수행 평가가 좋든 나쁘든, 인간으로서의 가치 판단이 아님을 배웠다. 자넷이 만들었던 연결고리는 '일이 잘 될 때 나는 좋은 사람이다'(자기 가치 상승)와 '비판받을 때 나는 쓸모없는 사람이다'(자기 가치 하락)였다.
- 긍정적이든 부정적이든 하나의 일반적인 라벨을 붙이면, 개인의 복잡성과 변화성을 포착할 수 없으므로 자신에게 라벨을 붙이지 않는다. 그렇지만 개선하고 싶은 성과 측면에는 라벨을 붙일 수 있다(17장 참조).

- 비판은 피할 수 없지만(누구도 피할 수 없음), 비판받았을 때 더 깊고 어두운 영향을 받을 필요는 없다. 비판이 정확한지, 어떻게 다룰지 결정하고, 비판이 정확하지 않다면, 이유를 말할 수 있다.
- 가혹하고 엄격한 기준에 사고의 유연성을 더한다. 높은(불가능할 정도로 높지는 않은) 기준은 실수하거나, 다른 사람이 자기 잘못을 발견하거나, 지식에 빈틈이 없다는 보호책이라고 믿지 않는 한, 괜찮다.
- 자넷은 '나는 쓸모없다'라는 믿음이 활발할 당시 믿지 않았던 삶의 성취에 대한 모든 증거를 모으면서, '나는 매우 유능하다'라는 새로운 믿음을 분명히 했다.

자넷의 새로운 믿음은 본질이나 정체성이 아니라 자신에 대한 더 복잡한 이해에 뿌리를 두고 있었다.

건강한 자존감은 긍정적 사고의 힘이나, 비현실적으로 부정적이었던 자신에 대해 비현실적으로 긍정적으로 되도록 격려하는 것이 아니다. 넓고 호의적인 관점의 맥락에서 약점과 결점에 대해 균형 있고 편견 없는 관점을 갖는 것이다. 그리고, 자신을 있는 그대로 받아들이면서 '완벽함'이 아닌, '충분함'을 응원하며 용기를 주는 것이다. [이 같은 수용은 자신에 대한 관점 변화를 불가능하게 하지는 않는다.]

(Fennell, 2016: 318)

자넷에게 새로운 신념에 대한 확신이 깊어짐을 보여주는 주요 지표는 다음과 같았다.

1. 직접 비판을 받거나, 은연중에 다른 사람의 행동에서 나타났을 때, '여전히 마음속으로는 약간 흔들리지만, 대부분 경우에 되도록 객관적인 초점에 맞춰서 대처하려고 노력한다'고 했다.
2. '절망의 소용돌이'는 크게 줄었고, 그 결과 '절망스러움이 1~2분 이상 지속하지 않았다.' 회복한 시간에 매일 200개가 넘는 이메일을 처리하고 더 일찍 귀가해서 생산적인 시간을 보냈다.

코칭은 9개월 동안 진행됐고 발전과 강화가 이뤄지면서

주 단위 세션에서 격주, 월 단위로 축소했다. 자넷은 스스로 코칭할 때 배운 내용을 잘 유지하는지 확인하는 목적으로 6개월과 12개월 동안 후속 훈련을 요청했다.

25

마음챙김

지금까지 이 책에서 인지행동 코칭CBC은, 속상하거나 비생산적인 생각에서 떨어져 객관적으로 검토하고, 도움이 되는 목표 지향적인 생각을 개발하도록 권하였다. 비생산적인 생각을 다루는 또 다른 방법은, 생각에 관여하지 않고 관찰하는 방법이다. 이를 마음챙김이라고 한다. 마음챙김은 인지행동 치료CBT의 확장으로, 생각과 감정을 판단하거나 통제하거나 바꾸려 하지 않고 현재 순간에 생각과 감정을 관찰하도록 한다. 지나친 생각은 실제보다 더 강해 보일 수 있다. 계속해서 생각의 옳고 그름을 따지거나, 집착이나 억제하려 하고, 긍정적으로 생각하려고 하기 때문이다. 그러나 생각의 포로가 되었기에 소용이 없다. 우리는 혼란스러운 생각이 들 때마다 생각에 신뢰성을 부여한다. 믿을 만하지 않았다면 관여하지 않았을 것이기 때문이다. 마음챙김에서는 불쾌한 내면의 경험에 맞서지 않고 받아들이는 일이 우리에게 미치는 악영향을 줄이는 강력한 방법이라고 가르친다. 다시 말해서, 우리와 생각의 관계를 바꿀 필요가 있다.

마음챙김을 가르칠 때는 명상을 가르치는 것을 포함한다. 심리학적 연구에서 '규칙적인 명상은 불안함, 우울함, 짜증스러움을 감소시킨다'는 사실을 보여준다. 또 기억력이 향상되고, 반응 시간이 빨라지고, 정신적·육체적 지구력이 증가한다(Williams & Penman, 2011: 6). 명상을 수반하지 않는 마음챙김은 생각과 감정을 떠다니는 구름, 받지 않는 전화, 타는 사람 없이 역을 드나드는 기차처럼 보도록 가르친다(Leahy, 2017).

마음챙김 접근법을 활용한다고 해서 온종일 앉아서 생각을 관찰하는 것이 아니다(혼란스러운 생각에 항상 이의를 제기하지 않듯이). 생각이 여전히 함께 있음을 받아들이면서, 지속해서 가치 있는 활동을 한다. 마음챙김 연습은 일상생활의 일부가 될 수 있다. 맥스 랜즈버그Max Landsberg 코치(2015: 82)는 마음챙김의 놀라운 결과는 '집중적이면서도 편안한 마음을 열정적인 활동에 정확하게 사용'할 수 있는 능력이라고 설명한다. 잠을 자려고 명상하는 것이 아니라, 용수철처럼 튀어 올라 힘들이지 않고 행동하기 위해 자신을 가다듬는 것이다. 이는 마음챙김이 삶의 질 향상을 위해 활용하는 대신, 삶의 불만을 참는 법을 배우는 수동성을 가르친다는 오해와는 정반대의 개념이다.

생각을 변화시키는 것과 생각을 관찰만 하는 것이 양립 불가능한 변화 방법론처럼 보이고, 두 가지를 섞은 개념은 고객에게 혼란스러울 수도 있다. 고객은 '골치 아픈 생각을 해결하기 가장 좋은 방법이, 그 생각에 이의를 제기해서 변화시키는 것인지 아니면 그냥 내버려 두는 것인지 모르겠다'라고 생각할 수 있다. 그러나 다음 코칭 사례에서 고객은 코칭에서 배운 대로 두 가지 접근법을 모두 사용한다. 고객인 데이비드David는 선임 관리자로, 상사를 '어리석은 짓을 절대로 용납하지 않는 사람'으로 묘사했다.

데이비드: 상사는 무언가를 말할 때, 한 번밖에 말하지 않으면서 가끔 급하게 말해서 내용을 다 이해하기가 힘듭

니다. 방금 한 말을 확인하는 질문을 하면 바보라고 생각하죠. 실제로 몇몇 사람들에게 그렇게 말했습니다. 가끔 상사의 말을 제대로 이해했는지 확신이 없는 채로 방에서 나오면, 만약에 내가 일을 망쳐서 망신당하고 해고되고 가정생활이 무너지면 모든 것이 끝이라는 걱정을 하게 됩니다. 말하기 쑥스럽지만, 정말 걱정됩니다.

코치: 먼저 분명하게 알고 싶은 부분이 있습니다. 만약 상사가 한 말을 이해하지 못하면, 추가로 질문을 합니까?

데이비드: 보통은 하지 않습니다. 몇 번 해봤지만, 상사의 조급한 목소리가 듣기 싫고, '바로 이해하지 못하는 내가 바보인가?'라는 생각이 들면서, 상사의 말이 들리지 않습니다.

코치: 한 번에 이해하지 못하면 바보라고 믿으십니까?

데이비드: 믿고 싶지 않지만, 가끔 믿게 됩니다. 나는 중압감에 시달리는데, 잘 대처하는 동료를 보거나, 상사가 완전히 이해되지 않는 지시를 또 퍼부을 때면 내가 일을 잘할 수 있을지 의심됩니다.

코치: 그러면 어떤 결론을 내립니까?

데이비드: 어쩌면, 내가 바보일지도 모르겠구나 싶죠. 이 문제에 집중해서 맞서고 싶지만 대립하는 방법으로는 아닌 것 같아요 '…라면 어떻게 될까?'라는 생각으로

시간을 보내고 싶지 않아요. 이러면 집중력이 떨어지고, 때로는 일을 상당히 방해하고, 가끔은 가정생활에 지장을 주기도 합니다.

코치: 요약하자면, '나는 바보다'라는 믿음을 다른 생각으로 바꾸고 싶고, 필요할 때는 상사에게 단호하게 행동하고 싶다, 하지만 '…라면 어떻게 될까?'라는 생각에서는 벗어나고 싶다는 말인가요?

데이비드: 쉽게 말하자면, 그렇습니다.

데이비드는 윌리엄스Williams와 펜만Penman의 책(2011)에 기술된 8주간의 명상 프로그램(CD와 함께)을 시작했다. 집에서 명상을 연습(CD 듣기)했고, 바쁜 와중이었지만 연습 시간을 내려고 노력했다. 명상 연습을 통해 걱정스러운 생각이 떠오르면 그 순간에 호흡에 집중하고 이런 생각을 사실이 아닌 마음에서 일어나는 일로 보고, 얽매이지 않고, 다시 해야 할 일에 집중했다. 직장이나 집에서 걱정하며 보내는 시간은 점점 줄었다. 데이비드는 '나는 바보다'라는 믿음을 어떤 생각으로 대체하고 싶었을까?

데이비드: 나는 바보가 아니라는 생각으로 바꾸고 싶습니다.

코치: 아직도 그 믿음을 가지고 어리석은 생각에 집중하나요?

데이비드: 어떤 생각으로 대체해야 할지 모르겠습니다. 쩔쩔매고 있어요.

코치: 대체할 수 있는 균형 잡힌 관점으로는, 의심의 여지가 없는 장점, 때로는 압박이 있을 때 취약점을 받아들이는 것, 그리고 명상 프로그램으로 이미 성취하기 시작한 성과를 향상하고 싶은 영역을 선택하는 것을 들 수 있습니다. 자신에 대한 균형 잡힌 시각은 심리적으로 성숙한 관점입니다. 흔히 듣는 '강하거나 약하다, 성공하거나 성공하지 못했다, 똑똑하거나 멍청하다, 싸움꾼이거나 겁쟁이다' 같은 기본적이고 세련되지 않은 견해와는 대조되죠.

데이비드: 이해했습니다. 일리 있는 말이네요. 나는 내가 일을 잘한다는 것을 알고, 상사의 말을 이해하지 못할 때는 물어보고, 해야 할 일을 더 명확하게 해줄 상사의 답변을 듣는 것과 같은 측면을 개선하고 싶습니다. 즉 상사의 난폭함에 겁먹지 말자입니다. 동료 몇 명은 상사가 기분이 안 좋을 때 주눅 들지 않고 눈을 부릅뜨죠.

코치: 그 동료들에게 조언을 구할 수 있나요?

데이비드: 네, 해보겠습니다. 예전이었다면 '이런 질문을 한

다고 동료들이 날 약하게 보면 어떡하지?'라는 걱정으로 하지 않았을 겁니다. 너무 단순한 관점이죠.

코치: 좋습니다. 배워가는 중이네요.

데이비드는 자신의 능력에 확고한 확신을 갖고 세션에서 몇 가지 역할극을 했다. 코치는 불친절하고 무례한 데이비드의 상사를 연기하고, 데이비드는 명확함을 짚고 넘어가는 일이 왜 중요한지 말하는 연습을 했다. '당신이 나에게 원하는 일이 무엇인지 정확히 알지 못하면 우리 둘 다 원하지 않는 결과를 가져올지 모른다. 결국, 내 목표는 회사가 원하는 바를 목표로 하는 당신의 목표를 이루는 것이다. 그래야 모든 사람에게 이득이다.' 데이비드는 더는 상사의 태도에 겁먹지 않고 필요할 때(가끔 상사의 '내 목표는…'이라는 말과 함께) 설명을 구했고 상사의 지시가 천천히, 분명하게 전달되어 데이비드와 동료 모두에게 이익이 되었음을 알았다. 데이비드는 '걱정하면서 보냈던 시간을 다시 되찾아서, 그 시간에 일한다'고 했으며, 훨씬 더 차분하고 집중된 느낌을 즐기고 있으므로 장기적으로 명상 연습을 유지하겠다고 했다.

회복탄력성

회복탄력성은 긍정적인 정신건강의 기반이다(Persaud, 2001). 레이비치Reivich와 샤테Shatte(2002: 1)는 우리 모두에게 회복탄력성이 필요함을 강조한다.

> 50년 이상의 과학적 연구에서 회복탄력성은 직장에서의 성공과 삶에 만족하는 열쇠임을 강력하게 입증했다. 타고난 회복탄력성은 학교와 직장에서의 성과, 신체 건강, 정신 건강, 대인관계의 질에 영향을 미친다. 이것이 행복과 성공의 기본 요소이다.

회복탄력성은 치료와 코칭에서, 어려움을 논의하고 해결하는 뼈대이다(Neenan, 2018). 회복탄력성은 특별하지 않고 일반적이며(Grotberg, 2003) 모든 사람은 어느 정도의 회복탄력성이 있다. 이를 고려할 때, 보통 코칭에서는 고객의 '타고난 회복탄력성'이 고갈되고 어떤 시도를 해도 앞으로 나아갈 기미가 없는 좌절감을 느끼는 영역에 집중한다(29장의 코칭 예시 참고). 내가 이야기하고 싶은 회복탄력성의 정의는 어려운 시기에 적응하기 위한 자원(심리적, 사회적, 정신적)을 모아 때로는 어려움에서 벗어나서, 더 좋고, 더 강하고, 더 현명한 사람이 되는 것이다. '때로는'이라고 말한 이유는, 힘든 시간을 극복하면서 배운 교훈은 시간이 지나면서 잊힐 수 있기 때문이다. 회복탄력성과 관련된 요인은 다음과 같다.

- 균형 있는 시각 유지: 침착하고 신중하게 상황에서 변화 가능한 부분과 불가능한 부분을 구별하며 사건을 살펴본다.
- 자기 수용: 자신에 대한 평가(예: '나는 약하다')를 자제하되, 목표 달성을 방해하는 특정 신념과 행동('이것

은 도움이 되지 않는다') 같은 자기 측면을 평가한다(17장 참조).
- 유연성: 어떤 상황을 경험했는지 관계없이 어떻게 해야 한다거나, 하면 안 된다는 고정된 사고방식에 갇히지 않고, 도전적이고 변화하는 상황에 직면해서 유연하게 생각하고 행동하는 능력이다.
- 타인의 도움: 어려운 시기에 도움을 요청하거나 도움을 받는다. 회복탄력성은 사회적으로 고립된 상황에서 발달하지 않는다. 긍정적인 관계는 어려움이 왔을 때 일생에 걸쳐 중요한 보호 요소로 여겨진다(Masten & Wright, 2010).
- 자기 조절: 목표 달성에 필요한 단계를 수행하도록 마음과 행동을 관리하고, 이 과정을 방해하거나 해치는 충동을 억제한다. 순간적인 느낌으로 결정하지 않고 (예: 화가 났을 때 먹으면서 위안 삼기), 나중에 어떤 기분을 느끼고 싶은지를 바탕으로 결정한다(예: 13kg 체중 감량의 기쁨).
- 호기심: 도전, 질문, 발견을 통해 자신과 주변 세계에 대한 이해를 높인다.

- 마음챙김: 부정적인 생각과 감정의 존재를 인정하며 얽매이지 않고 앞으로 나아간다(25장 참조).
- 의미 찾기: 어두운 시간을 지나 밝은 미래를 향해 나아가도록 끌어준다.

전에는 회복탄력성을 역경이라는 맥락에서 논의했지만, 최근 몇 년 동안에는 일상생활의 변화에 대처하는 회복탄력성 있는 태도와 기술의 가르침으로 확대되었다(Brooks & Goldstein, 2003). 회복탄력성은 조직원에게도 요구되는 자질이며(Coutu, 2003), 끊임없이 변화하는 근무 환경에 적응하기 위해 직장 생활의 회복탄력성(Grotberg, 2003)이 필요하다. 회복탄력성은 개인, 단체, 조직에서 지속해서 관심을 갖는 대상이다. 회복탄력성 훈련과 인지행동 코칭은, 부정적 사건에서 드러난 태도가 사건에 대한 정서적, 행동적 반응을 설명해준다는(Reivich & Shatté, 2002) 견해에서 출발하기 때문에 매우 잘 맞는다.

히긴스Higgins(1994)는 회복탄력성을 '잘 이겨냄'으로 매우 간결하게 묘사했다. 회복탄력성을 확인하는 가장 빠른 방법은 역경에 대처하는 태도를 살피는 것이다(예: '이 상황은 나를 이길 수 없다'). 그러나 너무 많은 좌절을 겪을 때는 포기할 수도 있으므로, '잘 이겨내는' 과정의 특정 순간을 담은 짧은 정보가 정확한 결과 예측을 보장하지는 못한다. 반대로, 간신히 고군분투 중인 누군가는 예상치 못한 사회적 지원을 받아 문제에서 유리한 결과를 얻을 수도 있다. 따라서 사건에 부여한 의미는 도움이 되든 도움이 되지 않든 고정적이지 않고 시간이 지나면서 변한다.

힘든 시절이 인격을 강인하게 단련시켰고, 어떤 삶이 펼쳐져도 절대로 부서지지 않는다는 생각은 회복탄력성에 도움이 되지 않는다. 아무리 강건해졌다고 해도, 여전히 미래의 역경에 잘 대처하지 못하는 취약함이 있다. 일부가 아닌 모든 안 좋은 상황에서 회복탄력성을 보여주기 위해 회복탄력성을 고정된 성격 특성으로 보아서는 안 된다(Masten & Wright, 2010). 성과 코칭을 진행했던 매니저가 있었는데, 그는 허튼짓을 용납하지 않는 현실적인 사람이었다. 매니저는 교통사고를 당했고, 쇼크와 부상을 치료하기 위해 휴직이 필요했지만, 그에게 진짜 충격은 며칠 안에 다시 출근할 수 없다는 사실이었다.

드라이든^{Dryden}(2017)이 지적하듯이, 코칭을 진행하는 과정에서 어려움이 생겼을 때, 고객이 코칭 맥락에서 다루기에 많이 불안한 상태라면 치료사에게 의뢰하는 것이 필요할까? 아니면, 코치가 인지행동 치료CBT 훈련을 받은 것과 같은 장애를 다룰 수 있는 심리학적 모델을 갖고 있는가? 매니저 리처드Richard의 경우는 교통사고에 대한 분노와 당혹스러움을 의논하고 싶어 하여, 성과 코칭은 다음으로 연기했다(곧 '내가 어떻게 보여야 하는지'에 대한 비현실적인 기준이 모든 어려움의 핵심이었음이 분명해졌다). 코칭 세션은 대면이 아닌 화상 통화로 진행했다.

> 리처드: 왜 직장에 복귀할 수 없는지 이해할 수 없습니다. 교통사고 때문에 약해지고 무기력한 마음으로 집에 있는 일은 끔찍합니다. 마치 자제력을 잃은 기분이에요. 믿을 수가 없습니다.
> 코치: 누군가는 사고를 당하면 회복 기간이 필요하니 보통의 일반적인 반응이라고 말할지도 모르죠.
> 리처드: 내가 생각하는 일반적인 반응은 지금 다시 일하러 가는 겁니다.
> 코치: 주치의가 뭐라고 하던가요?
> 리처드: 아마 2주 정도는 더 쉬어야 한다고요.

코치: 왜 일을 쉬는 게 나약하고 한심하다는 의미가 됩니까?
리처드: 나는 어떤 상황에서도 항상 극복하고 일어섭니다.
코치: 그게 당신의 이상적인 회복탄력성 반응입니까?
리처드: 이상적이면서, 실제로도 그렇습니다.
코치: 그렇죠. 지금까지는요.
리처드: 네, 지금까지요.
코치: 당신의 회복탄력성이 이 상황을 대처하는 데 어떤 도움이 됩니까?
리처드: 별로 도움이 되는 것 같지 않습니다. 뭔가 아이디어가 있다면, 계속 질문만 하지 말고 알려주세요.
[고객은 질문에 대답하는 데 관심이 없으므로 코치는 교육 모드로 전환하지만, 완전히 전환하지는 않았다.]
코치: 알겠습니다. '나는 어떤 상황에서도 항상 딛고 일어선다'는 회복탄력성에 대한 정의가 문제의 일부분입니다. 당신은 이 상황에서 회복하지 못하고, 다시 일을 해야 한다고 이야기하는 것 외에는 어떻게 대처해야 할지 모르기 때문이죠. 그러니, 화가 나서 집에만 틀어박혀 있고…. '약하고 한심하다'고 말하면 기분이 어떤가요? 유감스럽게도 또 질문을 드렸네요.
리처드: 솔직하게 말하자면, 좀 부끄럽습니다.
코치: 분노와 수치심으로 집에 틀어박혀 있죠. 이제 당신은

어떤 상황에서든지 건설적으로 대처하는 사고와 행동에 적응해야 합니다. 이것이 회복탄력성의 주요 특징입니다.

리처드: 아마도 지금 그러지 못하고 있죠….

코치: 맞습니다. 그래서 유감스럽게도 지금 회복력이 없는 행동을 하고 있네요. 누구도 모든 상황에서 바로 기운을 회복하지 않아요. 그래서 '얼마나 오랫동안 이 상황에서 회복에 도움이 되지 않는 행동을 하기 원하십니까?'라는 질문을 하고 싶습니다.

리처드: 회복력 없는 행동은 그만하고 싶습니다. 아이디어 좀 주세요.

코치: 재미있는 활동으로 하루 일정을 만들어보세요.

리처드: 아내도 그렇게 말합니다. 온종일 투덜거리지 말고 재미있는 일을 하라고요.

코치: 그럼 아내의 충고를 따르도록 하세요. 그리고 많은 사람들이 구독하는 인기 있고 기분 좋고 힘들이지 않고 이겨낼 수 있다는 환상을 주는 영상 대신에, 회복탄력성에 대해 더 자세하고 정확한 설명이 담긴 책 읽기를 추천합니다. 당신처럼 직면한 어려움을 모두 극복하지 못했을 때 자신이 나약하다며 창피해하는 임원들을 많이 보았습니다. 자기 비난은 회복탄력성 있는 관

점의 구성 요소가 아닙니다. 개인의 삶고- 직업적인 발전으로 이어지는 경험에서 유용한 교훈을 얻는 것이죠. 코칭 작업에서 회복탄력성을 이야기할 때 '뛰어오르기bouncing back'가 아닌 '돌아오기coming back'라는 말을 씁니다. 역경에서 회복하는 속도와 방법은 다 다르고, 얼마나 빨리 또는 천천히 회복하는지를 자기 가치와 연결시키지 않음을 의미합니다.

리처드: 생각하고 해야할 거리를 많이 주었습니다, 앞으로도 계속 해보는 게 좋을 것 같네요.

도서는 『삶의 도전 과제 다루기Coping with Life's Challenges』(Dryden, 2010)와 『회복탄력성 개발Developing Resilience』(Neenan, 2018)을 추천했고, 이 책과 코칭 세션에서 많은 논의를 하면서 리처드는 몇 가지 결론을 내렸다.

- 리처드는 업무 성과와 강압적이고 절대 허튼짓을 하지 않는 공적인 모습이 자기 가치와 밀접한 연관이 있다는 점에 충격을 받았다. 리처드에게 직장에서 실수는 나약함을 의미했고 스스로 약해질까 봐 두려워했으며, 다른 사람들도 나약하다고 생각할까 봐 걱정했다(그래

서 다른 사람에게 '어떤 것도 나를 무너뜨릴 수 없다'는 것을 보여주기 위해 다시 직장으로 돌아가기를 바랐던 것이다). 리처드는 자신이 관리하는 직원뿐만 아니라 자신에게도 너무 가혹했다.
- 리처드는 되돌아봤을 때 어려움을 항상 극복하지는 않았음을 인정했다. 그동안 극복하고자 했던 것은 다른 사람들에게 깊은 인상을 주기 위한 허세였다.
- 자신에게 회복탄력성이 있다는 초인적인 견해는 리처드를 비학습적인 사이클에 가두었다. 리처드는 자신에게 요구하는 방식으로 어려움에 대응하지 못할 때, 다시는 그런 일이 일어나지 않도록(물론 그런 일은 일어났다) '동기를 부여하는' 혹독한 자기 비판을 했다. 리처드는 경직되고 비현실적인 기준에 문제가 있음을 이해하고, 진정한 발전을 이루려면 부족한 점이 있을 때 비현실적인 기준을 수정해야 함을 알게 되면서 자신에게 동정심을 보이기 시작했다.

리처드가 업무에 복귀하자, 어려움에 대처하는 건설적인 방법에 초점을 맞췄던 코칭은 (리처드 요청으로) 장기적인 개발 코칭으로 바뀌었다. 리처드는 결국 경직된 기준을 유연하고 관대한 기준으로 수정했다. '나는 강하고 유능하지만 때로는 연약하다. 취약성이 드러났을 때, 내 행동을 이해하고 개선하려고 노력하겠지만, 자신을 비난하지는 않겠다'로 재조정했다. 자신에 대한 태도가 부드러워지면서, 과중한 업무량을 불평하거나 업무 목표를 달성하지 못했을 때 '실패자'라고 일축했던 노골적인 평가 대신 전보다 덜 비난하면서 도움이 되는 입장을 취했다.

27

코칭 종료 및 그 이후

코칭 종료에 대해서는 코칭 초기에 논의하기도 한다. 고객은 코치와 협력해서 셀프 코치가 되기 위해 세션을 진행하면서 세션 사이에 사용할 수 있는 다양한 자기 계발 기술을 배우고, 그 능력을 보고 코칭을 종료한다. 보통 인지행동 코칭은 특정 조건을 충족할 경우, 복잡하지 않게 종료된다.

- 고객이 심리적 책임의 원칙과 실천을 받아들임
- 목표가 명확하고 측정 가능하며, 성취 가능한 통제 범위 안에 있음
- 실행 계획을 통해 목표를 향한 진행 상황을 정기적으

로 모니터링함
- 코칭 관계는 협업을 기반으로 하며, 고객에게 어떤 어려움이나 오해가 있는지 알기 위해 정기적으로 피드백을 받음
- 코칭 시 발생하는 모든 장애물을 해결하고, 관계 불화가 회복됨

코치는 고객에게 코칭에서 배운 교훈을 요약하도록 청한다.

> 고객: 눈에 띄는 세 가지가 있습니다. 첫째, '비판은 내가 형편없다는 뜻이다'와 같이 화가 났을 때 생각을 그대로 받아들이지 않고, 뒤로 물러서서 객관적으로 검토하는 아이디어가 마음에 듭니다. 둘째, 문제 해결에 도움이 되는 다른 선택 사항을 보기 위해 시야를 넓히는 일입니다. 알다시피, 나는 흑백논리를 갖고 있어서 선택은 이거 아니면 저거 둘 중 하나뿐이었지 그외 다른 것은 아무것도 아니었습니다. 셋째, 생각에 집착하지 않고 아이디어를 테스트하는 행동 실험이 정말 좋습니다. 업무 외에서도 계속 테스트해보고 있어요.

코치: 업무 외 테스트의 예를 들어줄 수 있나요?

고객: DIY 자동차 정비 강좌를 듣기 시작했습니다.

코치: 테스트 중인 아이디어는 무엇인가요?

고객: 여자라서 남자처럼 자연스럽게 자동차 엔진을 이해할 수 없을 거라는 옛날 사고방식이에요. 이 생각은 말도 안 되는 소리로 드러났죠. 재미있게 즐기면서 좋은 성과를 내고 있습니다.

코치: 반가운 이야기네요. 다른 이슈로 넘어와서, 코칭에서 얻은 개선점을 어떻게 유지하죠? 앞으로 몇 주 또는 몇 달 동안 멈추지 않고, 장기간에 걸쳐 유지하는 데 도움이 될 계획이 있습니까? [인지행동 코칭 스킬]은 쓰지 않으면 잊어버리거든요.

고객: 말했듯이, 행동 실험이 정말 마음에 들고 적어도 일주일에 한 번은 해보고 싶습니다. 남편이 요전 날 밤에 베트남 식당에 가자고 해서 '좋아, 먹어보자'라고 했어요. 음식도 나쁘지 않았어요. 남편이 몇 달 전에 물었을 때, 음식이 마음에 들지 않을 거라고 확신해서 싫다고 말했거든요. 그래서, '해 보자'는 이제 나의 좌우명입니다.

코치: 마지막으로, 어떤 고객은 진행 상황을 보고하기 위해 후속 세션을 갖기도 하는데, 후속 작업을 원하시나요?

고객: 6개월에 한 번 정도로 하고 싶습니다. 그 전에, 정말 어려운 일이 생기면 연락해도 될까요?
코치: 물론 가능합니다.

가끔 고객은 합의한 세션이 끝나고, 목표의 일부를 달성하는 데 좋은 성과를 이루었는데도 자기 판단에 따라, '문제를 다 해결하지 못했다'라며 코칭 종료에 의구심을 가진다. 코칭에서 모든 문제를 해결한다는 생각은 코칭의 목적이 아니다. 고객은 코칭이 종료된 뒤에 코칭에서 배운 인지행동 코칭 기술을 다른 문제에 적용할 수 있다. 코칭을 끝내기 전에 모든 문제를 해결하겠다는 생각은 스스로 자신의 코치가 되겠다는 생각을 약화한다. 만약 코치가 이 요청을 수락한다면, 고객은 모든 문제를 코치에게 의존해서 해결하려는 위험에 빠질 수 있다. 또는 특정 상황에서 무엇을 해야 할지 확신이 없을 때, 생산적인 방법을 찾을 때까지 다른 행동 반응을 시도하면서 불확실성을 인내하는 대신, 올바른 방향을 알려주는 코치의 언어 지시에 의존한다.

자신의 코치가 되는 것은 변경 불가능한 최후의 각인, 즉 이제 더는 코칭에 의지하지 않고 모든 어려움을 해결해야 한다는 의미를 수반하는 것은 아님을 말해주는 것이 중요하다. 원한다면 다시 코칭을 시작할 수 있다. 일부 고객은 나를 지속적인 전문 상담 인력으로 대하기도 한다.

마지막 세션에서 다루어야 할 또 다른 쟁점은, 퇴보나 재발 가능성이다. 퇴보는 고객의 진전 상태를 점검하는 것이고, 재발은 고객이 처음 제시했던 문제로 되돌아 가는 것이다. 모든 사람은 실수하기 때문에 코칭 종료 뒤에 퇴보는 불가피하지만, 퇴보가 재발로 이어질 필요는 없다. 피할 수 없는 슬로프 slope는 없다.

> 일반적으로 슬로프에 대한 논쟁은 우리가 슬로프의 어디까지 내려가겠다고 결정할 수 있다는 사실을 모호하게 한다. 우리는 특정한 지점에서 버티면서 '여기까지다, 더 멀리 내려가지 않겠다'라고 결정할 수 있다. 피할 수 없는 내리막과 통제력 상실을 암시하는 미끄러움의 비유는 멈출 수 있다는 가능성을 허용하지 않고, 문제 사건에 적절하지 않은 무력한 이미지를 떠오르게 한다.
> (Warburton, 2007: 132)

예를 들면, 어떤 사람이 직장에서의 스트레스를 탓하면

서, 스트레스가 풀릴 때까지 과식을 멈출 수 없다고 믿으며 다시 과식을 한다('몸무게가 정말 걱정된다. 이전 체중으로 돌아가고 싶지 않지만 이렇게 많은 일이 책상 위에 쌓여있는데 무엇을 할 수 있을까?'). 사실, 이들은 자기 통제력 회복에 책임을 지는 '여기서 더는 안 돈다'라는 말보다는, 계속 과식하도록 스스로 허락한 셈이다. 비록 이 말을 믿는다고 해도 실제로 먹고 싶은 충동에 사로잡히지 않았지만, 즉각적인 즐거움의 욕구를 도기하는 것보다 자제력을 발휘하는 것이 확실히 더 어렵다. 슬로프 위에서부터 아래까지 여러 개의 결정 포인트가 있다. 계속 자기 패배적인 행동(재발 접근방식)을 하도록 스스로 허락하거나, 행동을 멈추기 위해 허락하지 않을 수 있음을 의미한다. 이런 과정을 통해 배울 준비가 됐다면, 어떤 경험도 낭비할 필요가 없으므로 재발도 교훈을 준다. 레이히Leahy(2017)는 재발이 주는 두 가지 교훈을 제시한다.

1. 재발을 자연발생적인 테스트로 본다. 지속적인 발전을 위한 지침을 따르지 않을 때 무슨 일이 일어나는지 확인할 수 있다.

2. 재발을 생산적인 고통으로 본다. 재발은 현재 사고와 생각이 삶에 효과가 없고, 바로 잡아야함을 경고한다.

퇴보와 재발은 코칭의 결과가 아니라 발전하는 과정에서 일어나는 일임을 기억해야 한다.

28

수퍼비전

보통 코치(또는 치료사)가 말하는 세션 진행 상황과 그 안에서 실제로 일어나는 일에는 차이가 있다(아마도 필연적으로 차이가 있을 것이다). 수퍼비전 진행 시, 세션 일부를 담은 오디오 및/또는 비디오 녹화를 이용하면 이 간극이 얼마나 크고 작은지를 알 수 있다. 코치는 되도록 객관적으로 설명하려고 노력하겠지만, 코치의 설명에만 의존하면 일방적인 견해로 남기 때문에 수퍼바이저가 함께 일해야 하는 이유이다. 세션 내용을 듣거나 보거나, 발췌한 내용을 보면 수퍼비전에서 나누는 토론 범위가 상당히 넓어지고, 코칭 실행에서 코치가 미처 인식하지 못한 어려움을 짚어낼 수 있다. 마찬가지로, 코치가 녹음 내용을 전달하면서 잘 진행되지 않아 다소 우울하다는('매우 좋지 않음') 사전 설명과는 반대로, 녹음에서 더 높은 수준의 역량을 보여주기도 한다.

수퍼비전은 인지행동 치료 훈련과 더불어, 자격 취득 후 전문적인 실습에서 필수이며 중요한 요소이다(Branch & Dryden, 2012: 439). 세션의 녹음을 포함한 수퍼비전은 인지행동 치료사의 인가 및 영국 행동인지심리치료협회 British Association for Behavioral and Cognitive pychotherapies(BABCP)의 후속 재인증을 위한 요건이다. 영국의 대표적인 인지행동 코치인 스티븐 팔머Stephen Palmer 교수는 '인지행동 코칭 코스에서는 훈련 및 자격 인가 후에 정기적인 수퍼비전 필요성을 강조한다. 코칭 세션의 음성 녹음은 의무사항은 아니지만 수퍼비전 과정을 돕기 위해 자주 사용하는 것이 좋다. 이는 코칭 분야가 상담, 치료와 비교하여 다른 뿌리에서 어떻게 발전해왔는지 반영해준다'(개인적 대화, 2017년 6월 2일)고 이야기한다.

수퍼비전을 받는 코치는 정기적으로 세션을 녹음하고 발췌하여, 수퍼비전 세션에서 1/3~1/2정도 가량 다룰 수 있도록 한다. 나는 수퍼비전을 받는 코치들에게 내가 세션에서 무슨 일이 일어나는지 모르면 수퍼비전에 최선의 노력을 기울일 수 없다고 말한다. 시간의 흐름에 따라 코칭이 어떻게 전개되는지 보기 원하며, 세션의 스냅샷(또는 오디오샷) 이상을 바란다고 이야기한다. 수퍼비전이 중요한 이유는 다음과 같다.

- 고객에게 제공하는 인지행동 코칭 서비스의 품질을 모니터링하기 위함이다. 코치가 사용하는 기술과 전략이 목표를 달성하는 데 올바른지, 가장 유용한지, 협력적 경험주의를 장려하는지, 아니면 의사결정에서 일방적으로 '내가 가장 잘 안다'는 입장을 취하는지, 고객의 비판에 방어적이지 않은 반응을 보이는지, 아니면 간신히 화를 억누르며 반응하는지, 고객이 소크라테스식 질문을 통해서 세션을 진행하지 않고 너무 자주, 많이 말하지는 않는지 등을 모니터링 한다.
- 새로운 기술 습득을 돕는다. 문제 설정 같은 기존의 코칭 기술을 향상하거나, 고객의 미사여구식 질문을 명확한 진술로 바꾸는 등의 기술을 습득하는 데 도움이

된다(13장 참조).

- 비생산적인 태도와 행동을 변화시킨다. '무능해 보일까 봐 "모른다"는 말을 절대 하지 않는다. 부족한 지식을 감추기 위해 흔히 말도 안 되는 소리를 해야 한다면, 그렇게 할 것이다' 같은 태도나, 고객이 선호하는 대인관계 스타일에 맞추지 않고 모든 고객에게 동일하게 항상 낙관적이고 긍정적인 모습을 보여주는 행동 등이다.

- 고객의 발전과 코치로서의 전문성 발전을 방해하는 코치의 신념과 행동을 파악한다. 고객이 민감한 문제를 꺼낼 때마다 '이 이야기는 말하기 좀 불편하다'라고 하면, 코치는 계속해서 '나중에 다른 세션에서 이야기할 수 있으니 괜찮다'라고 대답한다. 인지행동 코칭은 인지행동 치료와 마찬가지로 불편함이 없는 영역이 아니다. 그런데도 코치가 '나중에 이야기하자'라는 전략으로 불편함을 없애려고 노력한다. 코치는 '지금 고객에게 그 문제를 말하라고 하면, 화를 낼 수도 있고, 나를 무신경하고 무능력한 코치라고 생각할 수 있다. 다른 사람에게 불평한다면, 코치 일에 부정적인 영향을 미

칠 수도 있다'고 믿기 때문이다. 코치와 고객 모두에게 이익이 되는 변화 과정에서 불편함을 감수하는 일은 불가피하다.
- 아무리 오랜 세월 코칭을 했더라도 실수를 예방할 수 있는 경험은 없고, 사각지대와 취약성을 없애거나 항상 합리적인 사고를 하고, 더는 배울 것이 없는 경우는 결코 도달할 수 없음을 코치에게 상기시킨다. 코치에게는 자신의 코칭을 점검할 수 있는 다른 사람의 비판적인 생각이 필요하고, 나 또한 동료에게 수퍼비전을 받는다.

정신건강 서비스에 초점을 맞춘 일부 논평가는, 코치가 경험을 통해 더 나아지고 수퍼비전이 더 능력 있는 코치를 만든다는 가설에 의문을 제기하는 데에 주목해야 한다. 이들은 이 가설을 뒷받침하는 과학적 근거가 거의 없다고 말한다(Bickman, 2008). 한나Hanna(2002: 289)는 '치료 경험의 햇수가 치료 효과에 영향을 주지 않는 이유'에 대해, '퍼즐의 핵심은 지혜의 부족에 있다'고 추측한다. 코치든 수퍼바이저든 수년간의 경험이 자동으로 지혜로 전환되지는 않으며, 어쩌면 전환이 일어났다는 단순한 희망적인 생각일 수 있다. 이 같은 우려가 코칭에도 똑같이 적용된다고 확신한다.

수퍼비전은 직접 대면하여 진행한다. 수퍼바이저는 수퍼비전을 받는 코치보다 경험이 더 많거나, 비슷한 수준의 경험을 가진 동료, 숙련된 수퍼바이저가 이끄는 그룹이다. 누구도 다른 사람보다 더 많이 경험했다고 알려진 사람은 없으므로, 수퍼비전 받기를 원하는 코치들끼리도 서로 배울 수 있다. 직접 대면뿐만 아니라 전화나 스카이프를 통해서도 가능하며, 수퍼바이저가 수퍼비전 세션 전에 녹음 내용을 받아 듣고 보완해준다. 수퍼비전 계약서에는 수퍼비전의 목표, 비용, 세션의 빈도 및 기간을 명시하여 작성한다. 양립 불가능한 문제가 발생할 수 있으므로 수퍼비전 시간을 고려해야 한다. 전문가인 수퍼바이저는 수퍼비전을 받는 코치가 자기 지시를 따르기 원하지만, 코치는 그 지시에 대해 더 많은 논의를 원하며 다른 사람의 말을 듣는 것을 좋아하지 않을 수 있다.

세션 녹음은 고객에게 반드시 허락을 받아야 하며, 거절할 경우 어떠한 압력도 가해서는 안 된다. 녹음 목적과 수퍼비전 세션 후에 어떻게 처리하는지(삭제) 설명한다. 수년간 치료사와 코치의 수퍼바이저 역할을 하면서, 수퍼비전을 받는 코치에게 녹음에 대해 같은 항의를 들었다. 녹음기가 있으면 고객은 어려움을 솔직하고 자유롭게 말하지 않을 것이라는 항의였다. 일단 고객이 녹음을 허락하면, 보통 아무런 문제가 없다. 오히려 수퍼비전을 받는 코치들이 녹음에서 자유롭지 못할 가능성이 훨씬 더 크다. 수퍼비전에서 무능함이 노출되는 두려움이 활성화하기 때문이다. 이 두려움이 코치 활동 내내 따라다니는 코치도 있다. 코치가 되기 위한 훈련 중에 '매우 나쁜' 녹음을 제출하는 두려움에서부터, 자격증 취득 뒤까지 최근 수퍼비전 제출물에서 실수가 발견될까 봐 여전히 염려한다.

   수퍼비전을 받는 코치는 자신의 코칭에 대한 반성과 논의의 쟁점을 정확히 파악해 수퍼비전을 준비해야 한다. 녹음의 발췌본을 제시할 경우, 구체적으로 어떤 부분에 초점을 맞추고자 하는지 등의 준비가 필요하다. 예를 들어, '고객이 세션 중에 계속 전화를 받습니다. 내가 괜찮다고 말하는 게 들릴 거에요. 그렇지만 사실 괜찮지 않았습니다. 고객이 여러 가지 면에서 상당히 위협적이라고 생각하는 데, 어떻게 대처해야 할까요?' 같은 질문이다. 모호하고 다소 게으르게 준비하는 코치는 오디오 녹음을 전달하면서 '듣고 어떻게 생각하는지 이야기해주세요'라고 말하기도 한다. 수퍼바이저는 어떻게 찾아야 할까? 전문 코칭 기관의 인가된 수퍼바이저 리스트를 보거나(인증이 역량을 보장하지는 않지만), 입소문을 통해 추천받거나, 당신이 인정하는 코칭을 하는 사람을 찾아본다. 몇 년 동안 좋은 수퍼바이저인지 어떻게 알 수 있는지에 대한 질문을 많이 받았다. 아래는 과거에 좋은 수퍼바이저를 찾으면서 관찰한 경험을 토대로 한 몇가지 결과이다.

- 명확한 답변을 기대하며 질문하지만 장황함, 애매함, 전문 용어 사용, 진부한 표현, 정형화된 반응을 보인다. 이런 사람들은 권위적으로 말하려고 하지만 실질적인 말은 하지 않았다. 하나의 질문이 아니라 연속적인 질문에 장황한 말만 늘어놓았고, 계속 '정말로 모르기 때문에 질문에 대답할 수 없구나'라는 생각이 들었다. 수퍼바이저에게 필요한 지식과 경험은 없고, 수퍼바이저라는 직함을 좋아하는 사람들이었다.

- 당신을 수퍼바이저로서의 '탁월함'에 박수를 보내는 청중으로 대하는 사람(예: '너무나 많은 코치가 내가 수퍼비전을 해준 이후, 코칭에서 믿기 힘들 정도로 성공했다.')
- 수퍼비전 스킬을 향상하려는 의지 없이 자동 조종장치에 있는 것처럼 교과서 내용을 계속 반복한다. 이미 알고 있는 내용을 말해주는 사람에게 계속 돈을 지불할 생각이 없었고 교과서 내용 그 이상을 원했다.
- 지혜: 수퍼바이저의 지식, 이해, 경험을 고객이 마주한 어려움을 해결할 수 있는 적합한 판단으로 전환하는 능력이다. 수퍼바이저가 진정한 지혜를 탈휘하는지 아니면 그렇게 보이는 건지 어떻게 알 수 있었을까? 아주 간단히 말해서, 수퍼바이저의 판단과 권고사항 대부분이 고객의 개선된 결과와 내 기술의 향상으로 이어졌기 때문이다. 지혜라는 개념이 모호하고, 초자연주의적으로 들릴 수 있음을 알지만, 지혜의 본질은 특정한 문제의 핵심을 관통해서 문제 해결을 위해 무엇을 해야 하는지를 볼 수 있는 능력이다.

홀Hall(2010: 8)이 말한 바와 같이 '우리 모두는 지혜가 무엇을 의미하고 무엇이 현명한 행동을 구성하는지에 직관적인 감각을 갖고 있다. 보통 비학문적인 의미에서 지혜를 정의할 수 없더라도, 보면 지혜인지 아닌지 안다.' 또 자주 언급했듯이 똑똑하다는 말은 현명하다는 말과 동일하지 않으므로, 누군가가 자신의 지혜로움을 증명하려고 모든 학문적 자격을 나열해도 겁먹을 필요가 없다. 수퍼바이저로서 역할이 가능한지 기술을 평가해야 한다.

수퍼바이저에게 이야기한 모든 문제에서 수퍼바이저들이 한 치도 틀리지 않고 현명했다고 주장하는 것은 아니다. 지혜는 시간이 흐르면서 눈에 띄지 않게 상투적으로 변할 수 있다. 철학자인 줄리언 바지니Julian Baggini가 관찰한 바와 같이, 지혜는 제품이 아니라 하나의 과정이다. '현명함은 결코 퇴보하지 않는 성숙한 상태를 성취하는 것이 아니라, 끊임없이 질문하고 모든 일을 당연하게 받아들이는 것을 거부하는 습관을 고수함으로써 자신의 이해를 날카롭게 하는 것이다'(2009: 200). 따라서 수퍼바이저의 지혜가 어느 순간에는 어리석은 생각으로 바뀔 수 있음을 경계해야 한다.

29

코칭 세션

코칭 세션에서 무엇을 하고, 그 목적을 설명하는 장문의 발췌문을 소개한다. 주석은 대괄호로 표시했고 주석이 완벽함을 뜻하지는 않는다. 고객의 어려움을 다루는 접근 방법일 뿐으로 여러분에게 도움이 될 수 있다. 두서없이 횡설수설하거나 우물거리고, 딴 길로 새는 대화는 제외했다.

산드라Sandra는 교사이자 학과장이었다. 산드라는, 동료에게 가끔 무례한 행동을 하고 부서회의에서 산드라가 원하는 바를 이야기하면 시비를 걸고 방해하는 교사에게 '잘 대처하지 못한다'고 했다. 다른 교사들은 산드라가 동료의 이런 불쾌한 행동을 제어하는 데 아무런 진전이 없다고 불만스러워했다.

> 코치: 그 교사를 잘 다룬다는 것은 어떤 모습입니까?
> [산드라는 코칭에서 성취하고 싶은 비전이 있는가?]
> 산드라: 지금과 같은 행동은 변해야 한다는 점을 명확하고 일관된 메시지로 전달하고 싶습니다.
> 코치: 전달했는데 반응이 없다면요?
> 산드라: 그러면 징계 절차를 고려해야겠지만, 그렇게까지는 되지 않았으면 좋겠어요.
> 코치: 명확하고 일관된 메시지를 전달하지 못하는 이유는 무엇입니까?
> ['무엇이 당신을 멈추게 하거나 방해하는가'가 핵심 평가 질문이다.]
> 산드라: 노력했는데 별로 신경을 쓰지 않더라고요.
> 코치: 그 교사는 신경을 쓸 필요가 없겠죠. 주의를 기울이지 않고 행동을 바꾸지 않았을 때 일어나는 결과에 대해 계속해서 일관성 있게 설명하는 것을 방해하는 것은 무엇입니까?
> [코치는 여전히 질문에 대한 답을 얻지 못한다.]
> 산드라: 그런 식으로 말하는 건 가혹하게 들리네요.
> 코치: 그게 당신의 자아상과 상충되나요? [산드라의 무반응

에 대한 추측을 제시]

산드라: 사람들이 나를 처벌하는 사람이 아닌 지지자로 봤으면 좋겠어요. 사람들이 나를 나쁘게 생각하는 것을 좋아하지 않습니다. 이게 지금 이 상황에 대한 대처를 방해한다고 생각해요. 대립하는 상황과 그 상황에서 오는 나쁜 감정을 좋아하지 않습니다.

[산드라는 진전을 막는 심리적 장애물을 찾아냈다.]

코치: 그 교사와 대립한 적이 있습니까?

산드라: 아직은 아니지만, 무례한 행동에 관한 이야기를 꺼내면 그 교사는 기분이 안 좋아졌어요.

코치: 그런 상황까지 가면 대립할 때 뭐가 문제가 되죠?

산드라: 그가 화를 내면 나는 아마 흔들려서 권위를 잃게 될 겁니다.

코치: 지금은 그 교사에 대해 어떤 권한이 있나요?

[산드라는 이미 잃어버렸을지도 모르는 것이 있다고 가정하고 있다.]

산드라: 거의 없는 거 같습니다.

코치: 아까 산드라는 학과장이니까 다른 교사들이 그의 행동에 대해 뭔가를 하라고 강요한다고 말하지 않았습니까? 그건 산드라의 책임이에요. 다른 교사들은 그 동료에게 질렸습니다. 다른 교사들에게 산드라가 자신

들의 요청을 지지하는 것처럼 보일까요?

[산드라가 지지자로 보이기를 원하는 것과 현재 산드라의 무반응에 지지받지 못한다고 느끼는 교사들 사이의 불일치를 지적한다.]

산드라: 아니요. 그 사람들도 제가 이 문제로 시간을 허비하는 것에 질렸어요.

코치: 그러면, 다른 교사들에 대한 당신의 권한은요?

산드라: 지금 상태에서는 별거 없어요. 너무 답답합니다. 옳은 일을 하고 싶은데 결과가 좋지 않네요.

코치: 지금 산드라는 잘못된 '올바른 일'을 하고 있고, 그래서 잘 안 되고 있는 겁니다.

[코치는 산드라의 관심을 끌기 위해 일부러 수수께끼 같은 행동을 한다.]

산드라: 이해를 못하겠습니다. 무슨 뜻이죠?

코치: 산드라에게 옳은 일은, 확고한 행동으로 부서장으로서 요구되는 역할에 초점을 맞추기보다는, 처벌자가 아닌 지지자로 보이는 것이죠. 개인적인 욕구를 직업적인 의무보다 우선시하고 있습니다.

산드라: 가혹하지만 …. 불행하게도 사실이네요. 한 가지 물어볼게요. 당신은 이 문제에 관해 나를 지지하나요?

코치: 지지합니다. 이 상황에서 산드라의 방법은 효과가 없

음이 분명합니다. 이렇게 상상해보세요. 그 교사와 당신처럼, 내가, 당신이 나를 지지해주는 사람으로 보이는 일에만 관심이 있고, 나를 나쁘게 생각하지 않았으면 합니다. 정말로 도움이 되는 이야기를 하는 대신에 당신이 화나지 않도록 매우 조심하고 있어요. 그래서 당신은 해결책을 찾는 도움을 받으려고 돈을 지불했지만, 내 주된 관심사는 당신에게 바르게 보이는 것임을 깨닫지 못합니다. 이렇게 되면 문제 해결을 위해 최선의 노력을 다하지 않고, 내 개인적인 욕구가 우선시되겠죠. 이것이 당신이 원하는 바인가요?

[코치는 산드라에게 시간을 낭비하지 않고 명확한 의견을 표명하고 있다.]

산드라: 아니요. 만약 그렇다면 저 또한 코칭에서 진전이 없을 거예요. 엉망이네요.

코치: 이 엉망인 상황을 어떻게 하겠습니까?

산드라: 정리를 시작해야죠. 좋아요, 그 교사가 행동을 바꾸길 원합니다

[엉망인 상황을 정리하는 일은 그가 아니라 산드라에게서 시작된다.]

코치: '당신은 무엇을 시작해야 하나요?'라고 물었습니다. 산드라가 가장 중요한 문제입니다, 그가 아니에요.

산드라: 사람들이 나를 나쁘게 생각하지 않았으면 하는 신념과 이 일을 구분하는 겁니다.

코치: 그러면 어떻게 구분합니까?

산드라: 글쎄요, 몇몇 동료는 내가 이 문제에 아무 대처를 하지 않아서 나를 나쁘게 생각하고 있을 거라고 확신해요. 그래서 내 신념이 해야 할 일을 하지 않는 거예요. 이 일에 대한 믿음이 필요합니다.

코치: 어떻게요?

산드라: 우리가 논의했듯이, 직업적 책임을 다하려면 그 교사를 다루는 데 내 개인적인 욕구를 무시해야 하고, 그렇게 할 겁니다.

코치: 그 결심을 어떻게 행동으로 옮길 건가요? [실행 계획 개발]

산드라: 그 교사와 이번 주 목요일 오후에 따로 만나겠습니다. [행동계획의 첫 번째 단계]

코치: 만남의 목적은 무엇이죠?

산드라: 그 동안의 행동에 문제를 제기할 겁니다. 비교적 짧은 기간 내에 어떤 행동 변화를 원하는지, 이 과정에서 어떤 부분을 도와줄 수 있는지, 그리고 변화가 없다면 어떤 일이 생길지 이야기할 거예요.

코치: 이 일을 수행하는 데 어떤 어려움이 있으리라 예상합

니까? [문제 해결]

산드라: 저예요. 대립하기 시작하면 담대함을 잃을지도 모릅니다. 그걸 어떻게 감당할 수 있을까요?

코치: 산드라, 만나는 이유가 용납할 수 없는 행동 때문임을 정확히 지적해야 합니다. 격식 있는 말투를 써야 하지만, 대립하지 마세요. 일단 메시지를 전달하면 그걸로 끝납니다. 대립 상황에서 어떻게 해야 할지는 논의할 대상이 아닙니다.

산드라: 만약 회의에서 자신의 행동에 대해 사과한다면요? 그는 항상 사과를 해요.

코치: 이전에 했던 사과들은 어떻게 된 거죠?

[코치는 산드라에게 첫 번째 어려움에 대해 조언해주었지만, 산드라가 많은 생각을 하기보다는 문제 해결에 노력을 기울이길 바란다.]

산드라: 오래가지 못하고 2~3일 후면 똑같아졌어요. 사과를 받아들이되 전과는 달리 행동 변화를 유지해야 한다고 강하게 전달해야 합니다. 그가 사과하던 미안한 마음이 들었고, 내가 해야 하는 역할에 집중하지 못했거든요.

코치: 만나서 이야기할 때, 집중력이 흐트러지지 않게 유지하세요. 다른 어려운 점은 없으신가요?

산드라: 집중을 방해하는 요소는 더 많이 이야기할 수 있지

만, 여기에 대한 답은 주의 집중에 있어요. 지금 생각해보니, 오늘이 월요일인데 왜 목요일까지 기다려야 하는 거죠? 내일 바로 일정을 잡겠습니다. 모든 것에 무기력했던 자신에게 좀 화가 나네요.

코치: 이번 세션이 끝나가기 때문에 다음 세션에 대해 논의할 수도 있지만, 우선 이 이야기를 계속 해보죠. 그 분노를 바탕으로 건설적인 무엇을 할 수 있을까요?

[코치는 산드라가 어떤 느낌인지 탐구하고, 어쩌면 산드라 내면에서 형성되고 있는 변화의 힘을 소멸시키기보다는 이런 맥락에서의 행동과, 분노를 어떻게 효율적으로 쓸 수 있는지에 초점을 맞추고 싶어 한다.]

산드라: 해야 할 일을 관철시키기 위한 동기부여의 힘으로 사용하겠습니다. 분명히, 나는 화를 내지 않을 거예요.

코치: 좋습니다. 이번 세션에 대한 의견이 있으십니까?

[세션 종료 피드백 요청]

산드라: 네. 내가 해야 할 일에 대한 분명함과 일관성을 가지도록 해주었고, 오늘 이야기처럼 내일 그 동료와 만나서 이야기했으면 좋겠습니다. 상대가 아니라 나에게 초점을 맞춘다는 사실에 놀랐어요. 세션이 시작될 때 상대에 대해 논의하고 다룰 수 있는 통찰력과 기술을 알려줄 것으로 생각했지만, 그 대신 나에 대해 다루었

습니다.

코치: 내 고객은 당신이지 상대방이 아닙니다. 심리적 방해물을 가진 건 산드라이기에, 우리는 이 방해물을 처리하기 전에는 진전이 없을 거에요. 먼저 자기 관리를 하고 그다음 다른 부분에 집중할 수 있습니다.

산드라: 이제 알겠습니다. 부서 내 다른 선성님들과의 관계 문제를 다룰 때 기억해야 할 유용한 말기네요.

산드라는 교사와 만나서 이야기했고, 다음 세션에서 '그 동료가 평소처럼 사과하기 시작할 때 몇 번 집중이 잘 되지 않았지만 끝까지 버텼고, 이번에는 내 메시지를 받아들였다'고 했다. 일정 간격으로 세번의 만남을 가졌고, 동료는 요청한 행동으로 변화했고 징계 절차는 실제로 일어나지 않았다. 산드라는 여전히 다른 사람들이 자신을 나쁘게 생각하지 않기를 바랐지만, 이 사고방식은 더는 부서 내 대인관계를 지배하지 않았고, '만약 어려움에 직면해야 한다면, 직업적인 책임이 먼저이지, 개인적인 욕구가 아니다'라는 말을 잊지 않았다.

30

인지행동 코칭은 모든 사람에게 맞지는 않으며, 이들을 위해 어떻게 개선할 수 있을까?

인지행동 코칭CBC이 일부 고객에게 효과가 없는 주된 이유는 주저함 또는 자신의 생각, 정서, 행동에 대해 온전히 책임지기를 거부하고, 그 대신 사건에 대해 다른 사람이나 회사 탓을 하기 때문이다. 대표적인 반응으로는 '원래는 그렇지 않더라도 거기서 일했다면, 나와 똑같이 느낄 것이다'와 '비즈니스 세계를 이해하지 못한다'이다. 마치 자신의 마음이 회사의 가치와 철학을 그대로 새기는 백지 상태처럼 말하고, 회사 문화/비즈니스 세계에 대한 생각과 대응하는 방법에서 자유로운 생각을 없앤다.

사람의 마음은 사건에 수동적으로만 반응하지 않고 지속해서 의미를 부여하며, 의미는 시간이 지남에 따라 변한다(관점의 변화)고 설명해도 귀 기울이지 않는다(어떤 고객은 자신의 태도가 직면한 상황을 대처하는 데 도움이 되지 않는 시점이 오면, 그때 인지행동 코칭 모델을 시도하겠다고 마지못해 인정한다). 코치는 인지행동 코칭 모델이 설득력이 없다고 보는 사람들에게(예: '인지행동 접근으로는 상사와의 문제를 도와줄 수 없다' 등) 심리적인 책임을 받아들이도록 노력하다가 권력 다툼에 휘말리지 않는 것이 중요하다.

만약 코치가 고객과 힘 겨루기를 하는 경우 보통은 힘 겨루기 결과에 코치의 직업적 자존심이 달렸음을 의미한다. 또 코치는 코칭에서는 생각의 자유가 없다는 고객의 믿음을 강화하고 있다는 사실을 깨닫지 못할 것이다. 고객이 인지행동 코칭에 관심이 없다면 버티지 말고 끝내야 한다.

어떤 고객은 심리적 책임을 받아들이긴 하지만, 변화를 위한 행동 계획을 실행하는 단계로 나아가지 않는다. 또는 반신반의하면서 실행하거나 되는 대로 한다. 성의가 없는 이유는 통찰력만으로도 변화를 촉진할 수 있다는 고객의 믿음 때문이다. 그렇지만 통찰력은 행동과 같이 가야 한다. 신념이 사건에 대한 반응을 형성하는 데 중요한 역할을 한다는 것과 관련해서 인정, 통찰력, 인식, 이해, 깨달음 등 어떤 용어를 사용하든, 그 자체만으로 변화를 가져오지 않는다. 더 정확히 말하자면 깊고 지속적인 변화를 가져오기에 충분하지 않다. 비생산적인 행동이나 불쾌한 감정 뒤에 숨어 있는 사고에 대한 인식은 변화의 전조처럼 보인다. 그렇지만 고객이 행동이나 느낌을 바꾸기 위해 노력해야 하는 부분에 시큰둥하다면, 며칠이나 몇 주가 지난 뒤에 인식 자체는 그다지 동기부여가 되지 않는다.

만약 고객이 통찰력만으로 원하는 변화를 이룰 수 있다고 믿는다면 테스트해본다. 코칭을 그만두고 통찰력만으로 변화가 일어나는지 본다. 효과가 없다면 고객은 이전에는 시도하기 꺼려했던 다른 일을 시작할 것이다. 고객이 다시 코칭을 받으러 돌아와서 변화를 실현하고 싶어 한다면, 새로 개발한 생산적인 신념을 지지하는 끊임없이 일관된 행동의 중요성을 배워야 한다.

일부 고객은 코치가 아닌 치료사의 도움이 필요한 심리적 문제가 있음이 분명한 경우가 있다. 예를 들어, 코칭 초기에는 웃으면서 '당신과 함께 좋은 결과를 성취하기를 기대한다'라고 하며 긍정적으로 접근했지만, 임상적 우울증이 있는 경우이다. 또 다른 사례에서 일부 고객은 코칭을 치료에서 거슬리는 부분을 제거한 형태(즉, 코칭에 올 때 치료법을 찾는다는 부정적인 의미를 적용하지 않음)로 여기는데, 인지행동 코치는 이런 고객에게 적합한 치료가 어느 때인지 알 수 있을 만큼 상황 판단이 빨라야 한다(Buckley & Buckley, 2006).

어떤 고객은 자신의 생각을 살펴보는 일을 어색해하고, 어렵고, 따분하며, 신경 쓰이는 일로 생각하며 하기 싫어한다. 이들은 '인지행동 코칭'의 첫번째 요소인 '$C^{cognitive}$인지'를 최소화한다. 원하는 결과(cBC)를 달성하려고 새로운 행동을 시도하고, 선택한 행동의 성공과 실패를 가늠하는 일은 개의치 않지만, 자신에게 집중하지는 않는다. 코치는 이런 선호도를 존중해야 하며 해결해야 할 심리적 장애물로 간주해서는 안 된다. 만약 고객이 절대로 변하지 않는 진리인 듯 '우리는 인지행동 코칭에서 항상 생각과 신념을 검토한다. 그것이 우리가 해야 할 일이다'라고 주장한다면, 그 안에 실제 장애물이 있을 수 있다.

고객은 특정 신념에 대한 의문 제기가 전체 신념 체계에 퍼져 안정된 신념 체계를 뒤집는 일종의 의심 바이러스로 볼 수도 있다. 이런 경우 코치는 일주일 동안 고객의 신념 체계 전반에 걸쳐 미진이 일어나는지 알아보기 위해 특정 상황에서 '출근 기차에서 항상 신문을 읽는' 뿌리 깊은 습관과 반대되는 몇 가지 작은 실험을 제안한다(더 문제되는 신념을 검토하기 위한 준비).

경험에 따르면, 문제는 보통 인지행동 코칭에 대한 완전한 거부가 아니라 인지행동 코칭을 보여주고 실행하는 방법이다. 이전에 수퍼비전을 했던 코치의 DVR(디지털 음성 녹음) 세션에서 '모든 것은 이런 상황에 도움이 되지 않는 당신의 생각과 관련이 있다'라고 말하는 것을 들은 적이 있다. 이로 인해 코칭 과정이 혼란스러워지고 문제를 문맥에서 분리됨(머릿속과 불리한 상황에서 만들어지는 생각은 개인의 어려움에 어떤 역할도 할 수 없다)을 시사하여 정서 표현을 멈춘다. 인지행동 코칭은 도움이 되지 않는 생각의 무미건조한 지적 교환이라는 인상을 준다. 특히 임원에게 좋은 인상을 남기고 싶어 하는 일부 코치들은 날카로운 질문으로 빠르게 진행하는 역할을 해야 한다고 믿어,

고객이 답변을 숙고하는 사색의 공간을 줄어들게 한다. 진행이 빠른 스타일을 갖는다는 것은 코치가 얼마나 현명하고 경험이 많은지를 보여주기 위해 모든 대답(잘 준비된)을 하는 것이고, 고객의 역할은 코치의 코멘트에 담긴 현명한 생각에 감사를 표하는 것이다.

코치가 코칭 여정과 관계를 조정하기 위해 고객에게 빈번한 피드백을 받아야 함을 기억한다면 많은 어려움을 최소화하거나 피할 수 있다. 가끔 코치가 만든 가정을 고객과 공유하지 않아 '아이디어를 테스트해야 한다'는 코치의 주장을 약화하고, 검증되지 않은 가정은 코칭에서 잘못된 변화로 이어질 수 있다. 나는 보통 수퍼비전을 해주는 코치들에게 가정을 테스트하지 않았을 때는 들고 다니는 종이에 체크 표시를 하고, 일과 후나 주말에 얼마나 많은 체크 표시를 했는지 세어 보라고 제안한다. 코치들은 얼마나 많은 체크 표시가 있는지 놀라거나 충격을 받는다. 그러므로 추측하지 말고 물어봐야 한다.

참고문헌

Arkowitz, H. and Lilienfeld, S. O. (2017) *Facts and Fictions in Mental Health*. Chichester: Wiley.

Arnold, J., Cooper, C. L. and Robertson, I. T. (1995) *Work Psychology: Understanding Human Behaviour in the Workplace*, 2nd edn. London: Pitman.

Baggini, J. (2009) *Should You Judge This Book By Its Cover? 100 Fresh Takes on Familiar Sayings and Quotations*. London: Granta.

Beck, A. T. (1976) *Cognitive Therapy and the Emotional Disorders*. New York: New American Library.

Beck, A. T. (1987) Cognitive models of depression, in *Journal of Cognitive Psychotherapy*, 1 (1): 5–37.

Beck, A. T., Emery, G. and Greenberg, R. L. (1985) *Anxiety Disorders and Phobias: A Cognitive Perspective*. New York: Guilford.

Beck, A. T., Rush, A. J., Shaw, B. F. and Emery, G. (1979) *Cognitive Therapy of Depression*. New York: Guilford.

Beck, J. S. (2011) *Cognitive Behavior Therapy: Basics and Beyond*, 2nd edn. New York: Guilford.

Bickman, L. (2008) Practice makes perfect and other myths about men-tal health services, in S. O. Lilienfeld, J. Ruscio and S. J. Lynn (eds) *Navigating the Mindfield: A Guide to Separating Science from Pseudoscience in Mental Health*. New York: Prometheus.

Blackburn, S. (2016) *Oxford Dictionary of Philosophy*, 3rd edn. Oxford: Oxford University Press.

Branch, R. and Dryden, W. (2012) Supervision of CBT therapists, in W.

Dryden and R. Branch (eds) *The CBT Handbook*. London: Sage.
Brooks, R. and Goldstein, S. (2003) *The Power of Resilience: Achieving Balance, Confidence, and Personal Strength in Your Life*. New York: McGraw-Hill.
Buckley, A. and Buckley, C. (2006) *A Guide to Coaching and Mental Health*. Hove: Routledge.
Burns, D. D. (1999) *Feeling Good: The New Mood Therapy*, 2nd edn. New York: Avon.
Butler, G., Fennell, M. and Hackmann, A. (2008) *Cognitive-Behavioral Therapy for Anxiety Disorders: Mastering Clinical Challenges*. New York: Guilford.
Clark, D. A. (1995) Perceived limitations of standard cognitive therapy: a consideration of efforts to revise Beck's theory and therapy, *Journal of Cognitive Psychotherapy*, 9 (3): 153–172.
Clark, D. A. and Beck, A. T. (2010) *Cognitive Therapy of Anxiety Disorders*. New York: Guilford.
Clark, D. A. and Steer, R. A. (1996) Empirical status of the cognitive model of anxiety and depression, in P. M. Salkovskis (ed.) *Frontiers of Cognitive Therapy*. New York: Guilford.
Coutu (2003) How resilience works, in *Harvard Business Review on Building Personal and Organizational Resilience*. Boston, MA: Harvard Business School Press.
DiGiuseppe, R. (1991) Comprehensive cognitive disputing in RET, in M. E. Bernard (ed.) *Using Rational-Emotive Therapy Effectively: A Practitioner's Guide*. New York: Plenum.
Dobson, D. and Dobson, K. S. (2009) *Evidence-Based Practice of Cognitive- Behavioral Therapy*. New York: Guilford.
Dryden, W. (2010) *Coping with Life's Challenges: Moving on from Adversity*. London: Sheldon.
Dryden, W. (2011) *Dealing with Clients' Emotional Problems in Life Coaching*. Hove: Routledge.
Dryden, W. (2017) *Very Brief Cognitive Behavioural Coaching (VBCBC)*. Abingdon: Routledge.
Dryden, W. and Neenan, M. (2015) *Rational Emotive Behaviour Therapy: 100 Key Points and Techniques*, 2nd edn. Hove: Routledge.
Edgerton, N. and Palmer, S. (2005) SPACE: a psychological model for use within cognitive behavioural coaching, therapy and stress management, *The Coaching Psychologist* 2 (2): 25–31.

Ellis, A. (2002) *Overcoming Resistance: A Rational Emotive Behavior Therapy Integrated Approach*, 2nd edn. New York: Springer.

Ellis, A. and MacLaren, C. (1998) *Rational Emotive Behavior Therapy: A Therapist's Guide*. Atascadero, CA: Impact.

Fennell, M. (2016) *Overcoming Low Self-Esteem: A Self-Help Guide Using Cognitive Behavioural Techniques*, 2nd edn. Robinson: London.

Frankl, V. (1946/1985) *Man's Search for Meaning* (revised and updated). New York: Washington Square Press.

Furnham, A. (2012) *The Talented Manager: 67 Gems of Business Wisdom*. New York: Palgrave Macmillan.

Grant, A. M. (2009) Coach or couch? *Harvard Business Review*, 87 (1): 97.

Grant, A. M. (2012) Foreword, in M. Neenan and S. Palmer (eds) *Cognitive Behavioural Coaching in Practice: An Evidence Based Approach*. Hove: Routledge.

Greene, J. and Grant, A. M. (2003) *Solution-Focused Coaching: Managing People in a Complex World*. London: Momentum.

Grieger, R. (2017) *Developing Unrelenting Drive, Dedication, and Determination: A Cognitive Behavior Workbook*. New York: Routledge.

Grotberg, E. H. (2003) What is resilience? How do you promote it? How do you use it?, in E. H. Grotberg (ed.) *Resilience for Today: Gaining Strength from Adversity*. Westport, CT: Praeger.

Hall, S. S. (2010) *Wisdom: From Philosophy to Neuroscience*. New York: Knopf.

Hanna, F. J. (2002) *Therapy with Difficult Clients: Using the Precursors Model to Awaken Change*. Washington, DC: American Psychological Association.

Hauck, P. (1980) *Brief Counseling with RET*. Philadelphia, PA: Westminster Press.

Hauck, P. (1982) *How to Do Want You Want to Do*. London: Sheldon.

Higgins, G. O. (1994) *Resilient Adults: Overcoming a Cruel Past*. San Francisco, CA: Jossey-Bass.

Kazantzis, N., Deane, F. P., Ronan, K. R. and L'Abate, L. (2005) *Using Homework Assignments in Cognitive Behavior Therapy*. New York: Routledge.

Kennerley, H., Kirk, J. and Westbrook, D. (2017) *An Introduction to Cognitive Behaviour Therapy: Skills and Applications*, 3rd edn. London: Sage.

Knaus, W. (2002) *The Procrastination Workbook*. Oakland, CA: New Harbinger.

Landsberg, M. (2015) *Mastering Coaching: Practical Insights for Developing High Performance*. London: Profile.

Leahy, R. L. (2005) *The Worry Cure: Stop Worrying and Start Living*. New York: Harmony.

Leahy, R. L. (2017) *Cognitive Therapy Techniques: A Practitioner's Guide*, 2nd edn. New York: Guilford.

Ledley, D. R., Marx, B. P. and Heimberg, R. G. (2010) *Making Cognitive-Behavioral Therapy Work: Clinical Process for New Practitioners*, 2nd edn. New York: Guilford.

Magee, B. (2016) *Ultimate Questions*. Princeton, NJ: Princeton University Press.

Masten, A. S. and Wright, M. O'D. (2010) Resilience over the lifespan: developmental perspectives on resistance, recovery, and transformation, in J. W. Reich, A. J. Zautra and J. S. Hall (eds) *Handbook of Adult Resilience*. New York: Guilford.

Miller, W. R. and Rollnick, S. (2013) *Motivational Interviewing: Helping People Change*, 3rd edn. New York: Guilford.

Mooney, K. A. and Padesky, C. A. (2000) Applying client creativity to recurrent problems: constructing possibilities and tolerating doubt, *Journal of Cognitive Psychotherapy*, 14 (2): 149–161.

Naugle, A. E. and Follette, W. C. (1998) A functional analysis of trauma symptoms, in V. M. Follette, J. I. Ruzek and F. R. Abueg (eds) *Cognitive-Behavioral Therapies for Trauma*. New York: Guilford.

Neenan, M. (2018) *Developing Resilience: A Cognitive-Behavioural Approach*, 2nd edn. Abingdon: Routledge.

Neenan, M. and Dryden, W. (2014) *Life Coaching: A Cognitive Behavioural Approach*, 2nd edn. Hove: Routledge.

Neenan, M. and Palmer, S. (eds) (2012) *Cognitive Behavioural Coaching in Practice: An Evidence Based Approach*. Hove: Routledge.

Nezu, A. M., Nezu, C. M. and D'Zurilla, T. J. (2007) *Solving Life's Problems: A 5-Step Guide to Enhanced Well-Being*. New York: Springer.

Norcross, J. C. (ed.) (2002) *Psychotherapy Relationships That Work: Therapist Contributions and Responsiveness to Patient Needs*. New York: Oxford University Press.

Padesky, C. A. and Greenberger, D. (1995) *Clinician's Guide to Mind Over Mood*. New York: Guilford.

Palmer, S. and Szymanska, K. (2007) Cognitive behavioural coaching: an integrative approach, in S. Palmer and A. Whybrow (eds) *Handbook of*

Coaching Psychology: A Guide for Practitioners. Hove: Routledge.

Palmer, S. and Whybrow, A. (2007) Coaching psychology: an introduction, in S. Palmer and A. Whybrow (eds) *Handbook of Coaching Psychology: A Guide for Practitioners*. Hove: Routledge.

Persaud, R. (2001) *Staying Sane: How to Make Your Mind Work for You*. London: Bantam.

Robertson, D. (2010) *The Philosophy of Cognitive-Behavioural Therapy (CBT): Stoic Philosophy as Rational and Cognitive Psychotherapy*. London: Karnac.

Reivich, K. and Shatté, A. (2002) *The Resilience Factor: 7 Keys to Finding Your Inner Strength and Overcoming Life's Hurdles*. New York: Broadway Books.

Safran, J. D. and Muran, J. C. (2000) *Negotiating the Therapeutic Alliance*. New York: Guilford.

Scott, M. J. (2009) *Simply Effective Cognitive Behaviour Therapy*. Hove: Routledge.

Sperry, L. (2004) *Executive Coaching: The Essential Guide for Mental Health Professionals*. Hove: Brunner-Routledge.

Stanier, M. B. (2016) *The Coaching Habit: Say Less, Ask More and Change the Way You Lead Forever*. Toronto, ON: Box of Crayons Press.

Tompkins, M. A. (2004) *Using Homework in Psychotherapy*. New York: Guilford.

Treadway, M. T. (2015) Neural mechanisms of maladaptive schemas and modes in personality disorders, in A. T. Beck, D. D. Davis and A. Freeman (eds) *Cognitive Therapy of Personality Disorders*, 3rd edn. New York: Guilford.

Warburton, N. (2007) *Thinking from A to Z*, 3rd edn. Abingdon: Routledge.

Weishaar, M. E. (1996) Developments in cognitive therapy, in W. Dryden (ed.) *Developments in Cognitive Therapy: Historical Perspectives*. London: Sage.

Weisharr, M. E. and Beck, A. T. (1986) Cognitive therapy, in W. Dryden and W. Golden (eds) *Cognitive-Behavioural Approaches to Psychotherapy*. London: Harper and Row.

Williams, M. and Penman, D. (2011) *Mindfulness: A Practical Guide to Finding Peace in a Frantic World*. London: Piatkus.

인덱스

A

ABCDE 모델ABCDE model 125, 130, 136
ADAPT 모델ADAPT model 68, 131
　심리적 장벽 구분distinguishing psychological blocks from 66
　유지maintenance of 47-49, 54
AWE 질문AWE question 142-143
PRACTICE 모델PRACTICE model 67
SPACE 모델SPACE model 36, 66, 68, 72-74

ㄱ

가정assumptions 30-31, 46
　사례개념화case conceptualization 68, 71-73
　실험behavioural experiments 154, 157
　코치의coach's 218-219
　테스트testing 51, 63, 148-156
　하향식 화살기법Downward Arrow Technique 162
가치values 81-84
강점strengths 65
개발 코칭developmental coaching 39

개인 성장personal growth 97
개인 영역personal domain 40
결과consequences 125, 133
경직된 믿음rigid beliefs 126
경험experience 199, 200
경험주의empiricism 50-53, 63, 138
공포phobia 40
과학적 경험주의scientific empiricism 50-53
관계relationships 179
괴롭힘bullying 47-49
교착 상태impasses 64
권한 부여empowerment 62
그랜트 A. M.Grant, A. M. 84
그리거 R.Grieger, R. 61
그린 G.Greene, J. 84
기대감expectations 52
기술 코칭skills coaching 39

ㄴ

노글 A. E.Naugle, A. E. 55
높은 욕구좌절 인내성high frustration tolerance(HFT) 106-108, 112
능동적인 목소리active voice 98

인덱스　225

ㄷ

타인의 도움support from others 179
대처 전략coping strategies 72
데이터 모으기data collection 110
독심술mind-reading 25, 27
돕슨 D.Dobson, D. and K. S. 33
동기motivation 110, 114
동기 유발 인터뷰motivational interviewing 60-62
드라이든 W.Dryden, W. 185, 196
디주쎄뻬 R.DiGiuseppe, R. 144
디지털 음성 녹음digital voice recordings(DVRs) 218

ㄹ

라벨링labelling 27
라이프 코칭life coaching 15
랜즈버그, 맥스Landsberg, Max 172
레들리 D. R.Ledley, D. R. 138
레이비치, K.Reivich, K. 177
레이히, R.L.Leahy, R. L. 193
릴리엔펠드 S.O.Lilienfeld, S. O. 48

ㅁ

마르쿠스 아우렐리우스Aurelius, Marcus 22
마음챙김mindfulness 170-176, 180
매기 브라이언Magee, Bryan 53
매일 감당해야 하는 불편함daily dose of discomfort(DDD) 107
메타커뮤니케이션metacommunication 64
명상meditation 171, 172, 174-176
목표goals 15, 18, 107
   ADAPT 모델ADAPT model 131
   PARCICE 모델PRACTICE model 67
   능동적인optimism about 99
   설정establishing 81-88
   자기 조절self-regulation 179
   코칭 종료end of coaching 188
무능력자로 보여지는 것에 대한 두려움 fear: of being exposed as incompetent 17
   사람들 앞에서 말하는 두려움of public speaking 17
   실패의 두려움of failure 16
   용기courage 123
무니 K. A.Mooney, K. A. 154
무란 J. C.Muran, J. C. 64
문제 해결problem solving 15, 65
미루기procrastination 16, 103

ㅂ

발기 장애erectile dysfunction 41
버틀러 G.Butler, G. 71, 157
부정적 자동사고negative automatic thoughts(NATs) 29-31, 33, 35-37, 46, 80
부정적인 편견negative bias 26
부정적인 핵심 신념negative core beliefs 31-33, 105, 161-165
분노anger 16, 40, 53, 131-136, 182-183, 212
분위기mood 158
불안anxiety 16, 40-41, 42, 73, 91, 126, 171
불편함discomfort 107, 112, 120, 198-199
불확실성uncertainty 16, 106, 119, 129, 191
브랜치 R.Branch, R. 196
블랙번Blackburn, S. 137
비난blame 96
비디오 녹화video recordings 195
비판criticism 83, 84, 166-168

빅터 프랭클Frankl, Viktor 23

ㅅ

사고levels of thought 29-34
사고thoughts 29-34, 36, 44-46
   도움이 되지 않는unhelpful 31, 47
   마음챙김mindfulness 170-172
   사고 수준levels of thought 29-34
   스토아 철학Stoic philosophy 22
   인지 모델 가르치기teaching the cognitive model 91-93
   자기 불구화self-handicapping 14
   테스트testing 50
   핵심 신념core beliefs 161
   행동 실험behavioural experiments 148
사고방식mindset 87
사람들 앞에서 말하기public speaking 17
사례개념화case conceptualization 65, 68-73
   과제tasks 114
   동기 유발 인터뷰motivational interviewing 60-62
   목표goals 81
   심리적 책임지기taking psychological responsibility 98
   인지적cognitive 37, 45, 49
   자기 패배적 신념self-defeating beliefs 119-124
   장애blocks to 15, 85-86, 125-129
   준비readiness to 60, 61
   행동 실험change: behavioural experiments 154-156
   행동을 수반하는 통찰insight coupled with action 216
사프란 J. D.Safran, J. D. 64
사회적 맥락social context 36, 67, 72, 73
사회적 의존성sociotropy 42

상호작용 시스템interactive systems 35-37
상황situations 35-37, 94-100
생리학physiology 35-37, 67, 72, 73
샤테 A.Shatté, A. 177
성과 코칭performance coaching 15
성숙한 사고mature thinking 39
세션 구조session structure 77-80
세션 외 과제extra-session tasks see tasks extreme thinking 39
소크라테스식 질문Socratic questioning 137-147, 197
수용acceptance 31
수치심shame 40
수행 불안performance anxiety 16
슈퍼비전supervision 80, 195-204
스코트, M. J.Scott, M. J. 43
스테니어 M. B.Stanier, M. B. 142
스토아 철학Stoic philosophy 22
스트레스stress 108
스티어 R. A.Steer, R. A. 43
신경가소성neuroplasticity 129
신념beliefs 14, 35-37, 44-46, 125-129
   ABCDE 모델ABCDE model 125, 130, 136
   개인 성장persona growth 100
   깊이 다루기dealing with deeper 159-169
   도움이 되는helpful 128, 148
   도움이 되지 않는unhelpful 23, 128, 148
   변화 촉진에 중요한 역할crucial role in promoting change 215
   인지 모델 가르치기teaching the cognitive model 93
   자기 패배적self-defeating 119-124, 148
   정보처리information processing 25

질문에 대한 두려움fear of questioning 218
　코치의coach's 195
　테스트testing 50, 51, 52
　핵심core 32-34, 46, 47, 55, 71, 105, 161-165
　행동 실험behavioural experiments 148-158
실용적인 문제 해결 모델practical problem-solving model 131-136
실패failure 16, 102, 123, 151
실험experiments 148-158, 190
심리적 장애물psychological blocks 18, 65, 85-86, 125-130, 207, 217

ㅇ

아놀드 J.Arnold, J. 83
아론 벡Beck, Aaron 13
　가정assumptions 30
　개인 영역personal domain 40
　내면 커뮤니케이션internal communications 44
　정서 반응emotional reactions 38
　취약성vulnerability 42-43
　핵심 신념core beliefs 161
　협력적 경험주의collaborative empiricism 50-53
아이디어suggestions 147
아젠다agendas 77-80
아크로위츠 H.Arkowitz, H. 48
앨버트 엘리스Ellis, Albert 13, 120
양면적인ambivalence 60
에픽테투스Epictetus 21-24
역경adversity 125, 180-181, 185
역량competence 31
역할극role play 97, 176
열린 마음open-mindedness 45, 52, 117

영국 행동인지심리치료협회British Association for Behavioural and Cognitive Psychotherapies(BABCP) 196
예단jumping to conclusions 27
완벽주의perfectionism 16, 110, 148-157
왜곡된 사고distorted thinking 26
요약summaries 79, 189
욕구좌절 인내성frustration tolerance 106-108, 112
용기courage 123
우울증depression 18, 38, 39, 217
　명상meditation 171
　인지 내용cognitive content 40
　취약성vulnerability 42-43
　핵심 신념core beliefs 34
우정friendships 28
워버튼Warburton, N. 54, 192
원시적인 사고primitive thinking 39
웰빙well-being 12, 14, 16
위샤르Weisharr, M. E. 25, 38
윌리엄스Williams, M. 171, 174
유연한 사고flexible thinking 126
음성 녹음audio recordings 196, 218
의미meaning 21-24, 35, 46, 180, 181, 215
이분법적 사고all or nothing thinking 26
이성reason 52
인지cognitions 35, 67, 72, 73
인지 부조화cognitive dissonance 144
인지 왜곡cognitive distortions 25-27, 38
인지 취약성cognitive vulnerability 42-43
인지치료cognitive therapy(CT) 13
인지행동 치료cognitive behavioural therapy(CBT) 12-18
　과제tasks 114
　과학적 경험주의scientific empiricism 50-53

마음챙김mindfulness 170
문제 유지maintenance of problems 47
상호작용 시스템interactive systems 35-37
소크라테스식 질문Socratic questioning 137
수퍼비전supervision 195
의미meaning 21-24
절약parsimony 54
종료endings 188-194
탈중심화decentring 93
인지행동 코칭cognitive behavioural coaching(CBC) 12-18
　과제tasks 114
　세션 구조session structure 77-80
　수퍼비전supervision 195-204
　인지 모델 가르치기teaching the cognitive model 89-100
　일부 고객이 갖는 어려움difficulties with some clients 214-219
　코칭 관계coaching relationship 59-64
　회복탄력성resilience 177-182

ㅈ

자기 가치self-worth 166, 185
자기 관리self-management 213
자기 비판self-criticism 186
자기 비하self-depreciation 96, 103
자기 수용self-acceptance 101-106, 178
자기 조절self-regulation 179
자기 통제self-control 13
자기 패배적 신념self-defeating beliefs 119-124
자신감confidence 122-123
자율성autonomy 42, 43
자존감self-esteem 16, 47, 105, 167
장애/장벽blocks 15, 65, 85-86, 125-130
재발relapses 192-194
절대적 사고absolute thinking 39
절약parsimony 54-55
정보처리information processing 25-28
정서emotions 14, 17, 35-37
　ABCDE 모델ABCDE model 125
　SPACE 모델SPACE model 36, 66-67, 72-73
　감정적 반응의 연속continuum of emotional reactions 38-39
　인지 내용cognitive content 40-41
　인지 모델 가르치기teaching the cognitive model 91-93
　하향식 화살 기법Downward Arrow Technique 160, 164
　종료endings 188-194
죄책감guilt 40
줄리언 바지니Baggini, Julian 204
중간 신념intermediate beliefs 31, 162
지만스카 K.Szymanska, K. 67, 68
지혜wisdom 199, 203-204
진행 상황 모니터링progress monitoring 15, 62, 197

ㅊ

책임responsibility 59-61, 83, 96-98, 188, 193, 215
충동impulsiveness 103
취약성vulnerability 42-43
치료therapy 15-17, 217
침묵silences 63, 143-144

ㅋ

캐너리 H.Kennerley, H. 14, 25
코칭 관계coaching: coaching relationship

59-64
  유형types of 14
  확실한 치료therapy distinction 14
코칭 심리학의 정의coaching psychology, definition of 12
쿠투 D. L.Coutu, D. L. 24
크나우스Knaus, W. 108
클라크 D. A.Clark, D. A. 21, 42, 47

ㅌ

탈중심화decentring 93
토론discussion 125-126, 130
톰킨스Tompkins, M. A. 116
통제control 22, 31, 81, 99, 120-121
퇴보setbacks 192-194
트레드웨이Treadway, M. T. 129

ㅍ

팔머, 스테판Palmer, Stephen 67, 196
패디스키, C. A.Padesky, C. A. 154
편함 A.Furnham, A. 61, 62
페넬 M.Fennell, M. 168
펜만 D.Penman, D. 171, 174
편견biases 25-28
평가appraisals 13, 89
평가assessment 65-68, 142
폴레트 W. C.Follette, W. C. 55
피드백feedback 62, 79, 189, 212, 219

ㅎ

하향식 화살 기법Downward Arrow Technique 160-164
한나 F. J.Hanna, F. J. 199
합리적 정서행동 치료rational emotive behavior therapy(REBT) 13
핵심 신념core beliefs 31-34, 46, 47, 55, 71, 105, 161-165
행동action 35, 67, 72
행동behaviour 35-38, 49
행동 계획/실행 계획action plans 15, 75, 109-118, 131, 188, 210, 215
행동 계획tasks: action plans 109-111, 114-118
행동 실험behavioural experiments 148-158, 190
행복happiness 40
현실적인 신념realistic beliefs 127
협력적 경험주의collaborative empiricism 50-53, 63, 138
호기심curiosity 179
호크 P.Hauck, P. 123
홀 S. S.Hall, S. S. 204
홍수기법flooding technique 129
활성화된 사건activating events 125, 130
회복탄력성resilience 14, 24, 177-187
효과적인 새로운 전망effective new outlook 126, 130
희망hope 14
히긴스 G. O.Higgins, G. O. 180

저자 및 역자 소개

저자 소개

마이클 니넌 Michael Neenan

런던 블랙히스Blackheath에 있는, 코칭센터Centre for Coaching와 스트레스 관리센터Centre for Stress Management의 부소장으로, 『회복탄력성 개발: 인지행동 접근Developing Resilience: A Cognitive-Behavioural Approach』(제2판, 루트리지)의 저자이다.

역자 소개

엘리 홍

한양대학교 교육대학원 상담심리학 수료
연세대학교 비즈니스코칭 전문 과정 이수
한국코치협회 인증 전문코치 KAC
전문분야: 비즈니스 코칭, 커리어코칭, 사회초년생·중간
　　　　　관리자 코칭

발간사

호모코치쿠스 32.
인지행동 코칭

내가 처음 코칭 교육을 받을 때 들었던 코치님 말씀이 지금도 인상 깊게 남아 있다. "코칭을 하려면 세상을 보는 프레임을 바꿀 수 있어야 한다." 그때 코칭 실습 중 상대방의 관점을 전환하기 위한 질문을 찾느라 고심하면서, 코치님의 그 말씀이 얼마나 중요한지 실감했다. 코칭의 여러 요소가 있지만 그래도 질문은 코치의 핵심 역량이라 할 수 있다. 코칭의 연원을 저 멀리 소크라테스에게로 거슬러 올라가는 것도 그의 문답식 대화법이 자기 생각이나 세상을 보는 관점/프레임을 효과적으로 변화시키기 때문이다. 그렇지만 상대에 앞서 질문하는 사람 자신, 즉 코치가 먼저 세상을 다양한 각도로 보고 사유할 수 있는 역량이 없다면 이런 질문을 생각해내기 쉽지 않다.

잘 알다시피, 코칭은 자기 인식 능력을 개발하고, 고객에게 잠재된 능력을 끌어내어 더 큰 변화의 길로 나아가도록 돕는 일이다. 일반적으로 사람들에게는 변화에 대한 심리적 장애물이 있기 마련이다. 그 장애물 가운데 하나가 바로 사람들이 가진 고정된 생각의 틀/프레임이다. 그 틀을 이루는 것에는 부정적 사고나 신념, 합리적이지 않은 가정, 왜곡된 정보처리 등이 있다. 코치는 고객이 그 틀을 바꾸어 장애물을 해소하거나 뛰어넘을 수 있는 발판을 마련할 수 있게 돕는다. 인지행동 코칭은 간단히 이런 심리적 기제를 코칭 접근법으로 다루는 것으로 이해한다.

이번에 호모코치쿠스 서른두 번째 책으로 나온 『인지행동 코칭』은 바로 인지행동 심리학을 근간으로 발전된 인지행동 치료 원리를 코칭에 접목한 이론과 실무 지침서이다. 코칭은 발전 과정에서 심리학 이론과 임상 경험의 풍부한 자원을 활용하고 있지만, 그 가운데서도 특히 인지행동 접근법은 가장 널리 활용되고 있으며, 다양한 분야에서 효과가 있다는 것이 연구 결과로 입증되고 있다. 인지행동 코칭은 개인의 웰빙을 위한 라이프 코칭뿐만 아니라 새로운 학습과 기술 습득, 성과 향상, 회복탄력성 향상과 자기 통제 강화 등 비즈니스 코칭 분야에서 두루 활용되는 효과적인 접근법이라고 할 수 있다.

앞서 언급한 바 있지만 코칭의 기본으로 들어가 생각해보면, 고객의 변화는 자각과 통찰, 관점 전환을 그 출발점으로 한다. 이를 위해 코치가 시도할 수 있는 심리학적 접근법은 인지행동 외에도 긍정심리, 게슈탈트, 정신역동 등 다양하지만, 그 가운데서도 인지행동 접근법이 가장 기본적이면서 누구나 쉽게 접근 가능하다고 할 수 있다. 또 우리가 배우는 여러 가지 코칭 프로그램이나 질문 속에도 인지행동 접근법의 원리가 녹아 있다.

『인지행동 코칭』은 인지행동 코칭의 세계적 권위자라 할 수 있는 마이클 니넌이 이론과 실무에서 인지행동 코칭의 독특한 특징 30가지를 간결하고 알기 쉽게 설명한다. 개인 삶과 일에서 겪는 다양한 사례를 예로 들고 있어서 누구나 쉽게 읽고 이해할 수 있다. 호모코치쿠스 시리즈가 그동안

제3세대 코칭 등 새롭고 전문적인 주제를 다룬 코칭 책들을 다수 발간했지만, 이번 『인지행동 코칭』의 출간은 코칭의 기본을 새롭게 다질 수 있는 선택지를 추가했다는 점에서 그 의의를 찾을 수 있다. 코칭 학습의 스펙트럼이 넓어진다는 것은 코치로서 매우 즐거운 일이다. 코칭 입문자는 물론 전문 코치들에게도 새삼 자신의 코칭을 정비할 수 있게 돕는 차원에서 좋은 길잡이 역할을 할 수 있다고 본다.

바쁜 시간을 쪼개어 일찍이 번역을 완료하고도 지금까지 미뤄지는 시간을 묵묵히 인내해온 역자에게 편집자로서 미안하고 감사한 마음을 전한다. 그 인내가 우리나라 코칭 발전을 위한 밑알이 되어 풍성한 열매를 맺을 것으로 확신한다.

2022년 5월
편집자, 코치 정익구

집필자 모집

- 멘토링 기반 코칭 방안과 사례 연구
- 컨설팅 기반 코칭 방안과 사례 연구
- 조직개발 코칭 방안과 사례 연구(일대일 또는 그룹 코칭)
- 사내 코치 활동 방안과 사례 연구
- 주제별·대상별 시네마 코칭 방안과 사례 연구
- 시네마 코칭 이론과 실천 방안 연구
- 아들러 심리학 기반 코칭 방안과 사례 연구
- 코칭 기획과 사례 개념화(중심 이론별 연구)
- 코칭에서 은유와 은유 질문
- '갈굼과 태움', 피해·가해자 코칭
- 미루기 코칭 이해와 활용
- 코치의 젠더 감수성과 코칭 관계 관리
- 정서 다루기와 감정 관리 코칭 및 사례 연구
- 코칭 장場field·공간과 침묵
- 라이프 코칭 핵심 과제와 사례 연구(청년 및 중년)
- 커리어 코칭 핵심 과제와 사례 연구(청년 및 중년)
- 노년기 대상 라이프 코칭 방안과 사례 연구
- 비혼·혼삶 라이프 코칭 방안과 사례 연구
- 코칭 스킬 총정리와 적용 사례
- 부모 리더십 코칭과 사례 연구(양육자 연령별)
- 코칭 이론 기반 코칭 방안과 사례
- 커플 코칭 방안과 사례
- 의식확장과 영성코칭
- 군 리더십 코칭
- 코칭 ROI 연구

▣ 동일 주제라도 코칭 대상과 방식, 코칭 이론별 집필이 가능합니다.
▣ 최소 기준 A4 기준 80페이지 이상. 코칭 이론과 임상 경험 집필 권장합니다.
▣ 편집위원회와 관련 전문가 심사로 선정됩니다.
▣ 선정 원고는 인세를 지급하며, 무료로 출판합니다.

 호모코치쿠스

코칭 튠업 21
: ICF 11가지 핵심 역량과 MCC 역량

김상복 지음

뇌를 춤추게 하라
: 두뇌 기반 코칭 이론과 실제
Neuroscience for Coaching

에이미 브랜 지음
최병현, 이혜진 옮김

마음챙김 코칭
: 지금-여기-순간-존재-하기
Mindful Coaching

리즈 홀 지음
최병현, 이혜진, 김성익, 박진수 옮김

코칭 윤리와 법
: 코칭입문자를 위한 안내
Law & Ethics in Coaching

패트릭 윌리암스, 샤론 앤더슨 지음
김상복, 우진희 옮김

조직을 변화시키는 코칭 문화
How to create a coaching culture

질리안 존스, 로 고렐 지음
최병현, 이혜진 등 옮김

내러티브 상호협력 코칭
: 3세대 코칭 방법론
A Guide to Third Generation Coaching: Narrative-Collaborative Theory and Practice

라인하드 스텔터 지음
최병현, 이혜진 옮김

임원코칭의 블랙박스
Tricky Coaching

맨프레드 F. R. 케츠 드 브리스 등 편집
한숙기 옮김

마스터 코치의 10가지 중심이론
Mastery in Coaching

조나단 패스모어 편집
김선숙, 김윤하 등 옮김

코칭·컨설팅
수퍼비전의 관계적 접근
Supervision in Action

에릭 드 한 지음
김상복, 조선경, 최병현 옮김

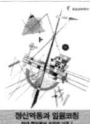
정신역동과 임원코칭
: 현대 정신분석 코칭의 기초1
Executive Coaching :
A Psychodynamic Approach

캐서린 샌들러 지음
김상복 옮김

수퍼비전
: 조력 전문가를 위한 일곱 눈 모델
Supervision in the Helping Professions

피터 호킨스, 로빈 쇼헤트 지음
이신애, 김상복 옮김

코칭 프레즌스
: 코칭개입에서 의식과 자각의 형성
Coaching Presence : Building Consciousness and Awareness in Coaching Interventions

마리아 일리프 우드 지음
김혜연 옮김

멘탈력
정신적 강인함에 대한 최초의 이론적 접근
Developing Mental Toughness :
Coaching strategies to improve performance, resilience and wellbeing

더그 스트리차직, 피터 클러프 지음
안병옥, 이민경 옮김

코치 앤 카우치
Coach and Couch

멘프레드 F.R. 케츠 드 브리스 등 지음
조선경, 이희상, 김상복 옮김

리더의 정치학
: 조직개혁과 시대전환을 위한 창발 리더십 모델
Leading Change: How Successful Leaders Approach Change Management

폴 로렌스 지음
최병현, 윤상진, 이종학,
김태훈, 권영미 옮김

게슈탈트 코칭
바로 지금 여기
Gestalt Coaching: Right here, right now

피터 브루커트 지음
임기용, 이종광, 고나영 옮김

영화, 심리학과 라이프 코칭의 거울
The Cinematic Mirror for Psychology and Life Coaching

메리 뱅크스 그레거슨 편저
앤디 황, 이신애 옮김

VUCA 시대의
조직문화와 피어코칭
Peer Coaching at Work

폴리 파커, 팀 홀, 캐시 크램,
일레인 와서먼 공저
최동하, 윤경희, 이현정 옮김

실존주의 코칭 입문
: 알아차림·용기·주도적 삶을 위한 철학적 접근
An Introduction to Existential Coaching

야닉 제이콥 지음
박신후 옮김

내러티브 코칭
: 새 스토리의 삶을 위한 확실한 가이드
Narrative Coaching: The Definitive Guide to Bringing New Stories to Lif

데이비드 드레이크 지음
김상복, 김혜연, 서정미 옮김

시스템 코칭
: 개인을 넘어 가치로
Systemic Coaching: Delivering Value Beyond the Individual

피터 호킨스, 이브 터너 지음
최은주 옮김

고용 가능성
고용+가능성 업그레이드 전략
Developing Employability and Enterprise: Coaching Strategies for Success in the Workplace

더그 스트리차크직, 샬롯 보즈위스 지음
조현수, 최현수 옮김

강점 기반 리더십 코칭
: 조직내 긍정적 리더십 개발을 위한 가이드
Strength_based leadership Coaching in Organization An Evidence based guide to positive leadership development

덕 메키 지음
김소정 옮김

영웅의 여정
자기 발견을 위한 NLP 코칭
The Hero's Journey: A voyage of self-discovery

스테판 길리건, 로버트 딜츠 지음
나소재 옮김

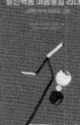
정신역동 마음챙김 리더십
: 내면으로의 여정과 코칭
Mindful Leadership Coaching : Journeys into the Interior

맨프레드 F.R. 케츠 드 브리스 지음
김상복, 최병현, 이혜진 옮김

공감으로 완성하는 코칭
: 평범함에서 탁월함으로
Coaching with Empathy.

앤 브록뱅크, 이안 맥길 지음
김소영 옮김

ADHD 코칭
: 정신건강 전문가를 위한 가이드
ADHD Coaching: A Guide for Mental Health Professionals

프란시스 프레벳,
아비가일 레브리니 지음
둔은영, 박한나, 가요한 옮김

글로벌 코치 되기
: 코칭 역량과 ICF 필수 가이드
Becoming a Coach

즈나단 페스모어,
트레이시 싱클레어 지음
직상학 옮김

시스템 코칭과 컨스텔레이션
Systemic Coaching & Consitellations

존 휘팅턴 지음
가향순, 문현숙, 임정희, 홍삼렬,
홍승지 옮김

10가지 코칭 핵심주제 사례 연구
: 20개 사례와 40개 논평
Complex Situations in Coaching

디마 루이스, 폴린 파티엔 디오송 지음
김상복 옮김

유연한 조직이 살아남는다
포스트 코로나 시대 뉴노멀이 된 유연 근무제
Flexible Working

클라우디아 나겔 지음
최병현 · 윤재훈 옮김

인지행동 코칭
: 30가지 고유한 특징
Cognitive Behavioural Coaching: Distinctive Features

마이클 니난 지음
엘리 홍 옮김

(출간 예정)

정신역동 코칭
: 30가지 고유한 특징
Psychodynamic Coaching: Distinctive Features

클라우디아 나겔 지음
김상복 옮김

코칭수퍼비전의 이론과 모색
Coaching and Mentoring Supervision: Theory and Practice

타티아나 바키로버, 피터 잭슨, 데이빗 클러터벅 지음
김상복, 최병현 옮김

수퍼바이지와 수퍼비전
: 수퍼비전을 위한 가이드
Being Supervised A Guide for Supervision

에릭 드 한, 윌레민 레구인 지음
한경미, 박미영, 신혜인 옮김

비연속 단일회기 코칭
: 30가지 고유한 특징
Single-Session Coaching and One-At-A-Time Coaching: Distinctive Features

윈디 드라이덴 지음
남기웅, 안재은 옮김

트라우마와 코칭
: 생존에서 번영으로
Coaciing and Trauma

줄리아 본 스미스 지음
이명진, 이세민 옮김

쿼바디스
: 팬데믹 시대, 죽음과 리더의 실존적 도전
QUO VADIS?

맨프레드 F. R. 케츠 드 브리스 지음
고태현 옮김

팀코칭 이론과 실천
팀을 넘어 위대함으로
The Practitioner's handbook of TEAM COACHING

데이비드 클러터벅, 주디 개넌 편집
강하룡, 박순천, 박정화, 박준혁,
우성희, 윤선동, 최미숙 옮김

리더십 팀코칭
: 변혁적 팀 리더십 개발을 넘어
Leadership Team Coaching

피터 호킨스 지음
강하룡, 박정화, 박준혁, 윤선동 옮김

웰다잉 코칭
생의 마지막과 상실을 겪는 사람들을
위한 코칭 가이드
Coaching at End of Life

돈 아이젠하워, J. 발 헤이스팅 지음
정익구 옮김

인지행동 기반 라이프코칭
Life Coaching : A Cognitive behavioural
approach

마이클 니난, 윈디 드라이덴 지음
정익구 옮김

코칭과 정신건강 가이드
: 코칭에서 심리적 과제 다루기
A Guide to Coaching and Mental
Health : The Recognition and Management
of Psychological Issues

앤드류 버클리, 캐롤 버클리 지음
김상복 옮김

코칭심리학 (2판)
실천연구자를 위한 안내서
Handbook of Coaching Psychology

스티븐 팔머, 앨리스 와이브로 엮음

코칭 이론과 실천
The SAGE Handbook of Coaching

타티아니 바흐키로바, 고든 스펜
스, 데이비드 드레이크 엮음

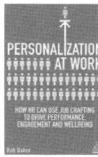
잡크래프팅
Persnalization at Work

롭 베이커 지음
김현주 옮김

임원코칭
: 시스템 - 정신역동 관점
- 현대 정신분석 코칭의 기초 3
Executive coaching: System-
psychodynamic perspective

하리나 버닝 편집
김상복 옮김

정신역동 코칭의 이해와 활용
: 현대 정신분석 코칭의 기초2
Psychodynamic Coaching : focus & depth

울라 샤롯데 벡 지음
김상복 옮김

호모스피릿쿠스

나르시시스트와
직장생활하기
Narcissism at Work: Personality
Disorders of Corporate Leaders

마리 린느 제르맹 지음
문은영, 가요한 옮김

정신분석 심리치료의
기본과 실천
: 정신분석·지지적 심리치료와의 차이

아가즈마 소우 지음
최영은, 김상복 옮김

조력 전문가를 위한
공감적 경청
共感的傾聴術
:精神分析的に"聴く"力を高める

고미야 노보루 지음
이주윤 옮김

코로나 시대의 정신분석적 임상
'만남'의 상실과 회복
コロナと精神分析的臨床

오기모토 카이, 키타야마 오사무 편저
최영은, 김태리 옮김

(코쿱북스)

코칭의 역사
Sourcebook Coaching History

비키 브록 지음
김경화, 김상복 외 15명 옮김

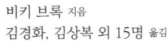

101가지 코칭의 전략과 기술
: 젊은 코치의 필수 핸드북
101 Coaching Strategies and Technique

글래디나 맥마흔, 앤 아처 지음
김민영, 한성지 옮김

리더십을 위한 코칭
Coaching for Leadership

마샬 골드 스미스,
로렌스 라이언스 등 지음
고태현 옮김

코칭 A to Z

누구나 할 수 있는 코칭 대화 모델
: GROW_candy 모델 이해와 활용

김상복 지음

세상의 모든 질문
: 아하에서 이크까지, 질문적 사고와 질문 공장

김현주 지음

첫 고객·첫 세션 어떻게 할 것인가
(1) 윤리적 가이드라인과 전문가 기준에 의한 고객 만남
(2) 코칭계약과 코칭 동의 수립하기

김상복 지음

코칭방법론
: 조직 운영과 성과 리더십 향상을 돕는 효과성 코칭의 틀

이석재 지음

코치 100% 활용하는 법
: 코칭을 만난 당신에게

김현주, 박종석, 박현진, 변익상,
이서우, 정익구, 한성지 지음

코칭 하이브리드

영화처럼 리더처럼
: 크고 작은 시민리더 이야기

최병현, 김태훈, 이종학,
윤상진, 권영미 지음

호모코치쿠스 32

인지행동 코칭
30가지 고유한 특징

초판 1쇄 발행   2022년 5월 25일

펴낸이	김상복
지은이	마이클 니넌
옮긴이	엘리 홍
편 집	정익구
디자인	이상진
제작처	비전팩토리
펴낸곳	한국코칭수퍼비전아카데미
출판등록	2017년 3월 28일 제2018-000274호
주 소	서울시 마포구 포은로 8길 8. 1005호

문의전화 (영업/도서 주문) 카운트북
　　　　　전화 | 070-7670-9080   팩스 | 070-4105-9080
　　　　　메일 | countbook@naver.com
　　　　　편집 | 010-3753-0135
　　　　　편집문의 | hellojisan@gmail.com 010-3753-0135
www.coachingbook.co.kr
www.facebook.com/coachingbookshop
독자 카페 : https://cafe.naver.com/coachingphilosophy

ISBN 979-11-89736-00-2
책값은 뒤표지에 있습니다.